장일환의
Body Swing
is
Golf Swing

프롤로그

골프는 설렘이다.
골프라는 말만 들어도 마음이 가라앉지 아니하고 들떠서 두근거림이 생긴다. 이는 첫눈, 좋은 사람을 만난다는 설렘. 아마 사랑과 같은 것이 아닐까?
골프를 배우던 시절. 그 시절은 부킹도 어려운 시절이었지만, 코스 나가는 전날이면 그 설렘 때문에 꼬박 밤을 새운 적도 많았다.
초등학교 시절 소풍 가던 전날처럼 말이다.
그러한 설렘이 지금도 있다. 좋은 벗과 빼어난 풍광을 바라보면서 푸른 잔디 위를 걷는 꿈… 어찌 설레지 않겠는가.
그 설렘이 주위의 회의와 반대를 무릅쓰고, 무작정 골프 유학을 떠나도록 만들었는지도 모른다.
혼자서 떠나는 골프 유학의 무모함과 두려움은 이제 아련한 추억이 되었다.
과연 골프란 무엇일까? 골프스윙이란 어떻게 하는 것이 정답일까?
그 답은 돌고 돌아 '바디스윙이 골프스윙(Body Swing is Golf Swing)'은 진리라는 확신으로 돌아왔다.
말로는 쉽게 하는 이 말의 진정한 의미를 이해하는 데는 미국 골프전문대학에서 만난 나의 진정한 스승인 리 데이트릭(Lee Deitrick)의 도움이 컸다.
첫 개인 레슨 시간에 리 교수님이 나의 스윙을 보고 나서 한 첫 질문이 "바디스윙이 골프스윙이라는 말을 들어본 적이 있느냐"였다.
내가 머뭇거리고 있는 순간 그 교수님이 어디선가 전선을 가져와서 어드레스 자세를 한 내 허리에 묶은 뒤 조그마한 전선 끝을 잡고 테이크 어웨이를 해 보라고 했다.
나는 그 전선이 너무 짧아 테이크 어웨이를 할 수 없었다.
몸을 움직이지 않고는 손과 팔로 자유롭게 백스윙을 할 수가 없었다.
백스윙은 클럽을 높이 드는 것이 아니라 상체의 꼬임을 만드는 것이라고 몸으로 느끼게 해 주고 싶었던 모양이다.
그리고 우리의 몸이 골프스윙의 중심이 되어야 한다는 것이다.
골프스윙이란 바디(몸통)의 움직임에 따라 팔이 따라 움직여야 하고, 팔의 움직임에 따라 클럽헤드가 따라 움직이며 스윙 아크가 만들어지는 것이 바로 바디스윙이라는 설명이 있었다.
나는 아무 말도 할 수 없었다.
영어 실력의 문제도 있었지만, 그 말이 무슨 의미인지를 잘 이해하지 못한 것이 사실이었기 때문이었다.

내 나름대로 골프에는 자신이 있었기 때문에 멋진 스윙은 아니지만, "좋은 스윙을 가지고 있다"라는 칭찬을 기대했는데, 속으로 무척 자존심이 상했던 것도 사실이었고, 골프에 대한 회의가 느껴졌다. 지금까지 내가 아는 골프가 엉터리이고, 다시 배워야 한다는 말이라 앞이 깜깜했다.

아무튼 바디가 몸통이고, 결국 몸통이 올바르게 움직이면 손과 팔은 몸통을 따라 움직이게 되고, 그렇게 하면 골프스윙은 자동으로 잘될 수 있다는 것이다.

반면, 손과 팔이 바디를 움직이게 스윙을 해서는 안 된다.

말은 쉽지만, 그 말의 진정한 의미를 이해하고 나의 스윙으로 만드는 데는 많은 시간과 연습이 요구되었다.

그래서 학교를 졸업하고서도 미국의 골프 전문 교육기관에서 또 다른 교육도 받고, 각종 PGA, LPGA 대회에서 직접 우수 선수들의 샷도 관찰했다. 또한, 골프장에서 아마추어들을 지도하는 경험을 하면서 "바디스윙이 골프스윙"이라는 확신은 더욱 깊어졌고, 마침내 그 이론을 정립하게 되었다.

요즘 우리는 각종 유튜브 동영상과 방송 그리고 신문, 잡지의 레슨 기사 등 다양한 정보의 홍수 속에서 어떤 골프 레슨이 올바른지, 왜 그렇게 해야 하는지를 판단하기가 어렵다.

이 책은 올바른 뉴 골프스윙 메커니즘을 체계적으로 정리하고, 왜 그렇게 해야 하는지를 알기 쉽게 설명함으로써 올바르게 정보를 선별하는 데 도움을 주려고 노력한 결과물이다.

골프는 절대 복잡한 것이 아니다. 바디스윙은 골프의 기본인 그립과 셋업 자세를 바르게 하고, 스윙의 연속적인 순서(스윙 시퀀스)만 잘 지키면 되는 것이다.

우리는 가끔 단편적으로 나타나는 현상을 문제점이라 하고 그것을 고치기 위해 팔과 손의 움직임을 달리하여 스윙 궤도를 고치려 노력하는 경우가 많다.

하지만 현상이 문제점이 될 수가 없다. 현상은 현상이고, 그것을 고치기 위해서는 근본 원인(Root Cause)이 무엇인지를 아는 것이 중요하다.

이 책이 골프스윙의 기본과 그 이유 즉, 근본 원인을 설명하는 골프 레슨의 교본이 되었으면 하는 바람이다.

이 책은 쓰면서 나에게 바디스윙이 무엇인지 몸으로 가르쳐 주신 나의 스승 리 데이트릭(Lee Deitrick)에게 감사를 드리고 싶다.

그리고 오늘의 나의 골프를 있게 해 주고, 늘 옆에서 마음을 담아 격려를 해 주는 사랑하는 아내 우은주 씨와 가족들, 책 발행에 도움을 준 골프경제신문 안성찬 대기자, Golf Inc 김성진 편집장 등 모든 분께 감사드린다.

2022년 5월 31일
인천 영종도에서 장일환

목차

장일환의
Body Swing is Golf Swing

6 머리글

9 CHAPTER 1_ 장타를 내는 방법
1. 헤드 스피드를 높이지 않고도 장타를 내는 방법
2. 파워 스윙하기
3. 장타 이야기

43 CHAPTER 2_ 골프 스윙
1. 백스윙의 시작(The First Movement in The Backswing)
2. 하프웨이 백(Halfway Back)
3. 3/4 백스윙(Three-Quarter Backswing Position)
4. 백스윙 톱(Backswing Completed)
5. 다운스윙(Move Down to The Ball)
6. 임팩트(Impact)
7. 릴리스(Early Follow-Through)
8. 피니시(Finish and Rebound)

68 CHAPTER 3_ 볼 비행(Ball Flight)
1. 볼 방향은 어떻게 결정될까?
2. 슬라이스의 원인은 무엇일까?
3. 슬라이스 방지 비책
4. 필드에서 슬라이스 방지책
5. 훅이 발생하는 이유
6. 악성 훅을 잡는 법

96 CHAPTER 4_ 그립
1. 골프 그립과 그립 사이즈
2. 왼손 그립 잡기
3. 오른손 그립 잡기
4. 그립 악력
5. 엄지손가락을 길게 잡는 것과 짧게 잡는 것의 차이
6. 적절한 클럽 버트(Butt)의 끝 길이

114 CHAPTER 5_ 셋업(Setup)
1. 셋업(Setup)
2. 에이밍(Aiming) / 골프 클럽 바로 놓기
3. 스탠스(Stance)
4. 골반 접기 및 무릎 굽히기(Good Posture)
5. 볼의 위치
6. 손의 위치

129   **CHAPTER 6_ 쇼트 게임(Short Game)**

　　　1. 쇼트 게임(Shot Game)이란
　　　2. 쇼트 게임의 종류
　　　3. 퍼트 칩(Putt Chip) 잘하기
　　　4. 레귤러 칩샷 잘하기
　　　5. 레귤러 칩샷의 비밀
　　　6. 피치 샷(Pitch Shot) 잘하기
　　　7. 칩샷과 피치 샷의 차이점
　　　8. 벙커 샷
　　　9. 퍼팅

167   **CHAPTER 7_ 아마추어 골퍼들의 일반적인 스윙 특성 12가지**

　　　1. 로스 오브 파스쳐(Loss of Posture)
　　　2. 얼리 익스텐션(Early Extension)
　　　3. 캐스팅(Casting)
　　　4. 플랫 숄더 플레인(Flat Shoulder Plane)
　　　5. 오버 더 톱(Over The Top)
　　　6. 리버스 스파인 앵글(Reverse Spine Angle)
　　　7. 스웨이(Sway)
　　　8. 슬라이드(Slide)
　　　9. 치킨 윙(Chicken Wing)
　　　10. 행잉 백(Hanging Back)
　　　11. S-자세(S-Posture)
　　　12. C-자세(C-Posture)

212   **CHAPTER 8_ 프리샷 루틴(Pre-Shot Rutine)**

219   **CHAPTER 9_ 골프 법칙 이야기**

　　　1. 골프 통계에 의한 '리치오 법칙'
　　　2. 데이브 펠츠가 만든 법칙
　　　3. 노보셀의 3:1 법칙
　　　4. 엄지의 법칙
　　　5. 12, 13의 법칙(Rule of 12, 13)이란?

236   **CHAPTER 10_ 골프의 이해**

　　　1. 골프란?
　　　2. 골프 게임의 역사
　　　3. 골프 레슨 트렌드의 변화
　　　4. 골프코스
　　　5. 골프 장비

머리글

골프란 무엇일까?

골프는 플레이어가 다양한 클럽을 사용하여 가능한 한 적은 스트로크로 그린 위에 있는 구멍(Hole)에 볼을 넣는 클럽 앤드 볼 스포츠(club-and-ball sport)라고 정의되어 있다.

클럽을 이용하여 볼을 날려 보내는 동작인 골프 스윙은 효율성과 일관성이 있어야 하므로, 손이나 팔의 움직임보다는 몸통이 항상 중심이 되어야 한다.

그런데 골프가 다음 그림처럼 생각을 많이 해야 하고, 이론적이며, 복잡하고 어려운 운동일까?

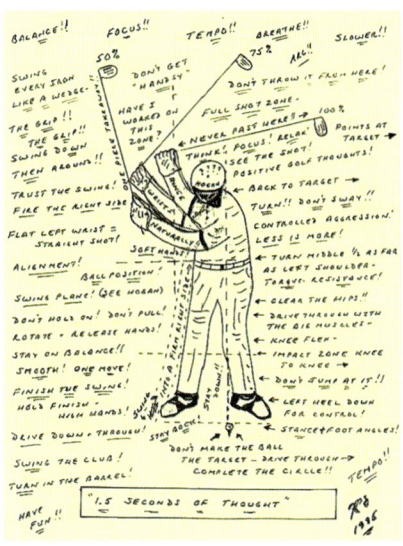

출처: https://golfstr.com/let-your-subconscious-mind-take-control/

아니다. 골프는 기본 원리만 알면 참 쉽고도 즐거운 운동이다.
어쩌면 골프에 대한 잘못된 이해가 골프를 어렵게 만들지 않았을까?
골프를 즐겁게 잘하기 위해서는 **첫째, 골프는 근육 운동이 아니라 두뇌 훈련이란 사실을 이해해야 한다.**
우리 몸의 근육은 두뇌에서 전기적 신호를 받아야 움직이고, 근육이 움직여야 우리의 관절이 움직이면서 골프스윙이 일어난다.
그런데 골프 연습장에 가보면 대부분의 사람들이 근육 훈련을 열심히 한다.
근육이 스윙을 기억하도록 오늘도 수백 개의 공을 치고 뿌듯한 마음으로 집으로 돌아오곤 하는데, 과연 우리의 근육이 그 스윙을 기억해서 필드에 나가면 그 스윙이 나올까?
우리 근육에는 기억할 수 있는 뇌가 없다. 그래서 머리가 먼저 이해해야 근육에 정확한 메시지(전기적 신호)를 줄 수 있다.
따라서 연습은 두뇌와 근육이 서로 교감하고, 시행착오를 겪으면서 근육이 거기에 맞게 움직이도록 훈련하는 과정이라 할 수 있다.
그래서 골프는 기본적으로 두뇌 훈련이다. 게다가 유산소 운동까지 하므로 치매 예방에 최고인 스포츠라 한다.

두 번째, 바디스윙이 골프스윙이다.
골프스윙은 손이나 팔을 이용하여 클럽을 휘두르기보다는 항상 몸통이 중심이 되어야 하는 운동이다.
바디스윙이 이루어지면, 팔과 손은 바디스윙의 흐름을 따라가면서 자연스럽게 스윙의 일관성이 확보된다.
반대로 손이나 팔이 스윙의 주인이 되어 몸을 흔들게 하면 스윙의 구심점이 흔들리기 때문에 결코 좋은 스윙이 나올 수 없다.
처음부터 바디스윙을 어떻게 하는지를 알고 기초를 튼튼히 해두면, 골프스윙은 자동으로 잘될 수 있다는 것이다.

세 번째, 모든 골퍼가 자기 능력에 맞는 스윙을 하면 된다.
사람마다 육체적 정신적 능력이 모두 다름을 인정할 수 있어야 한다.
골퍼가 자신의 능력은 고려하지 않고, 프로골퍼처럼 완벽한 스윙을 목표로 무리하게 연습하다 보면 좌절과 골프 지옥을 맛보게 될 수도 있다.
자신의 나이나 육체적, 정신적 능력에 맞는 자기 스윙을 추구하는 것이 골프를 쉽고, 재미있게 만들 수 있다.

인간인 우리가 기계적인 스윙을 추구하는 잘못을 범해서는 안 된다.

Kim Choongmoo(STUDIO MALGUM)

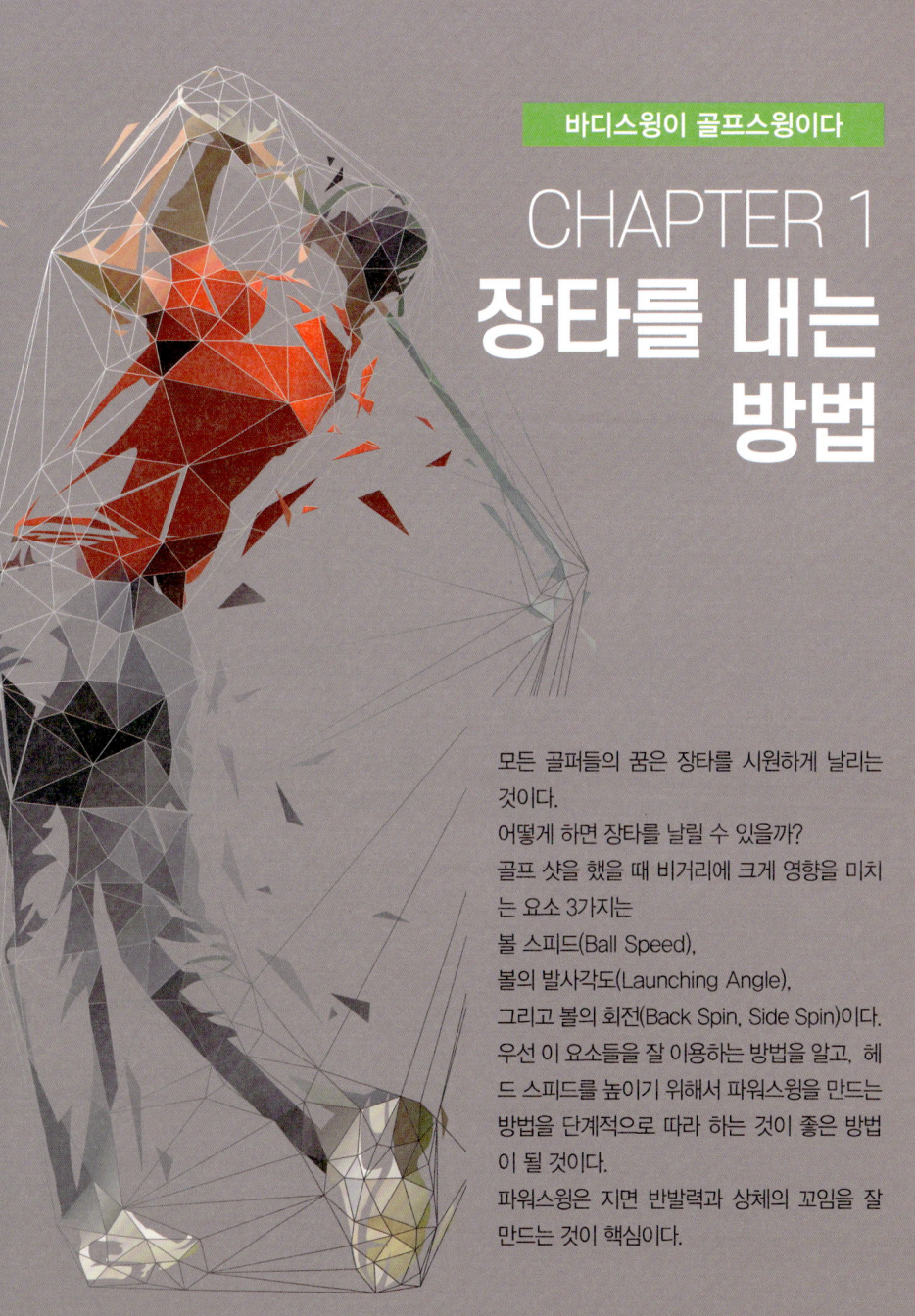

바디스윙이 골프스윙이다

CHAPTER 1
장타를 내는 방법

모든 골퍼들의 꿈은 장타를 시원하게 날리는 것이다.
어떻게 하면 장타를 날릴 수 있을까?
골프 샷을 했을 때 비거리에 크게 영향을 미치는 요소 3가지는
볼 스피드(Ball Speed),
볼의 발사각도(Launching Angle),
그리고 볼의 회전(Back Spin, Side Spin)이다.
우선 이 요소들을 잘 이용하는 방법을 알고, 헤드 스피드를 높이기 위해서 파워스윙을 만드는 방법을 단계적으로 따라 하는 것이 좋은 방법이 될 것이다.
파워스윙은 지면 반발력과 상체의 꼬임을 잘 만드는 것이 핵심이다.

CHAPTER 1
장타를 내는 방법

비거리는 볼 스피드, 발사각도, 회전량에 크게 좌우된다

장타 만들기

아마추어 골퍼가 소망하는 것이 있다. 바로 장타이다.

로켓처럼 시원하게 날아가는 장타 한 방에 만족하는 골퍼들이 열이면 아홉은 될 것이다. 스코어도 엉망이고, 다른 샷은 안되는데도 티샷에서 드라이버 샷 비거리가 자신도 놀랄 정도로 나오면 만사 오케이(OK)로 기분이 최고가 된다.

이는 필자도 마찬가지다. 물론 모든 것을 잘해야 만족스럽겠지만 때로는 시원하게 뻗어가는 장타가 신바람 나게 하는 경우도 많을 것이다.

성인이 돼서 뒤늦게 골프를 배우면 누구든 마음만은 젊은 프로선수가 되어 그들의 장타를 흉내 내고 싶어 하지만, 장타를 내는 것은 그리 쉬운 일이 아니다.

장타를 내기 위해서는 장타에 크게 영향을 미치는 요소들을 잘 알고, 거기에 맞는 꾸준한 연습이 필요하다.

장타에 영향을 미치는 요소는 크게 3가지를 들 수 있다.

볼 스피드(Ball Speed),

볼의 발사각도(Launching Angle),

그리고 볼의 회전(Back Spin, Side Spin) 등이다.

많은 골퍼가 클럽헤드 스피드를 높이는 것이 장타의 필수요소라면서 무조건 클럽을 힘껏 휘두르는데, 그렇게 하면 오히려 볼의 방향성이 나빠지고, 때론 부상을 당해 좌절하는 경우도 많이 생긴다.
사실, 그렇게 하지 않고도 장타를 내는 방법들은 의외로 많다.

1. 헤드 스피드를 높이지 않고도 장타를 내는 방법

스윙 스피드를 늘리지 않고도 장타를 낼 수 있다. 장타에 영향을 미치는 요소인 볼 스피드, 볼의 발사각도, 그리고 볼의 회전 이 3요소를 잘 이용하여 자신의 스윙을 조금만 바꾸어도 큰 효과를 볼 수 있다.

1) 장타를 내려면 먼저, 드로 샷(Draw Shot)을 해라.

자신의 볼 구질을 드로로 바꾸게 되면 비거리가 늘어난다.
대부분의 아마추어 골퍼의 비거리를 줄어들게 하는 주범은 바로 슬라이스다.
정확한 임팩트가 되지 않아 볼 스피드에 나쁜 영향을 줄 뿐만 아니라, 볼 옆으로 회전(Side Spin)이 많이 걸리기 때문이다.
그런데, 어쩌다가 한번 드로가 걸리면 생각보다 런이 많이 생기면서 거리가 늘어나는 경험을 한두 번은 했을 것이다.
왜 그럴까? 그 이유는 의외로 간단하다. 클럽 스피드가 높아지지 않더라도 드로 볼은 상대적으로 슬라이스 볼보다 임팩트가 좋아지면서 볼 스피드가 개선되고, 볼의 발사각도가 슬라이스보다 낮아지고, 볼에 역회전(Back Spin)이 적게 걸려 볼이 떨어진 뒤에도 볼에 런이 많이 생기면서 장타로 이어지는 것이다.
그렇다면 드로 구질의 볼을 치기 위해서는 어떻게 하면 될까?
① 먼저 셋업 자세에서 클럽 페이스가 타깃에 약간 닫히게 정렬하여 그립을 잡으면 드로 구질이 만들어진다.

이때, 반드시 클럽 페이스를 약간 닫은 상태로 클럽을 놓고 나서 그것에 맞추어 그립을 잡아야 한다. 그립을 잡은 상태에서 손목을 조절하여 클럽 페이스를 닫히게 만들면 효과가 없다.

② **그립은 가능하면 위크 그립보다 스트롱 그립이 드로 구질에 도움이 된다.**
스트롱 그립은 임팩트 시에 왼 손목이 시계 반대 방향으로 쉽게 회전하게 한다. 따라서 클럽 페이스가 약간 닫힌 상태로 볼이 맞으면서 자연스럽게 드로 샷이 만들어진다. 중립 그립에서 스트롱 그립에 가까울수록 드로 구질이 크게 발생한다.

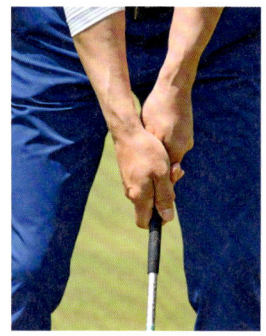 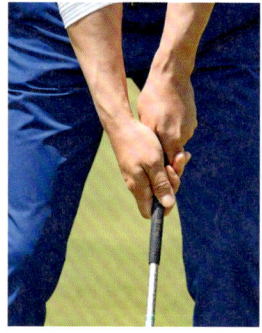 

위크 그립　　　← 슬라이스 볼　　중립 그립　　드로 볼 →　　스트롱 그립

위크 그립 – 그립을 잡은 손을 내려봤을 때 양손의 엄지와 검지가 만든 V자 홈이 오른쪽 어깨 안쪽을 가리키고 왼손 너클이 하나 정도 보이는 그립
중립 그립 – 그립을 잡은 손을 내려봤을 때 양손의 엄지와 검지가 만든 V자 홈이 오른쪽 어깨를 가리키고 왼손 너클이 두 개 정도 보이는 그립
스트롱 그립 – 그립을 잡은 손을 내려봤을 때 양손의 엄지와 검지가 만든 V자 홈이 오른쪽 어깨 바깥쪽을 가리키고 왼손 너클이 세 개 정도 보이는 그립

③ 왼발(오른손잡이 골퍼 기준)이 오른발보다 타깃 라인에서 약간 앞으로 나오게 어드레스 자세를 취한다. 이렇게 되면 스탠스를 포함하여 어깨, 골반선이 타깃 라인

드로 샷 스탠스

에 대하여 약간 닫히게 되고 드로 샷이 만들어지기 쉬운 자세가 되면서 드로 구질이 발생한다.

④ 어드레스에서 테이크 백으로 갈 때 클럽헤드를 목표선(중립 구질)에서 약간 안쪽으로 백스윙을 하는 것이 좋다.(아래 좌측 사진).

그렇게 되면 다운스윙 시에 자연스럽게 클럽이 인사이드에서 아웃사이드로 스윙이 이루어지고, 임팩트 이후에는 클럽 페이스가 약간 닫히면서 볼이 직선으로 출발하여 약간 왼쪽으로 휘어지는 멋진 드로가 만들어진다.

드로 구질   ←   중립 구질   →   슬라이스 구질

연습을 통해서 위 방법 중에 자신에게 맞는 드로 구질을 만들기 위한 최적의 방법을 찾는 것이 바람직하다. 다만, 위 방법을 선택하고 나서, 백스윙 톱에서 임팩트로 내려올 때 힘있게 치려고 손이나 팔이 스윙을 주도하게 되면 자연스럽게 어깨가 골반보다 일찍 회전되면서 엎어치기(Over the Top)를 하게 되어 드로가 아닌 슬라이스가 나게 된다.

따라서 어깨 힘을 빼고 다운스윙의 순서(Downswing Sequence)를 지키는 것이 아주 중요하다.

Tips

평소보다 골프 티를 조금 높게 꽂으면 슬라이스가 방지되고 원하는 드로를 칠 수 있다. 골프 티가 낮으면 자칫 띄워 치려고 하면서 슬라이스가 나기 쉽다.
드라이버 티 높이는 골프 티를 꽂고 드라이버 헤드를 옆에 놓았을 때 아래 사진처럼 볼이 드라이버 헤드 위쪽 선보다 조금 위에 오도록 하는 것도 좋은 방법이다.

2) 장타를 내려면 볼을 스위트 스폿에 맞춰라.

일반적으로 많은 아마추어 골퍼들은 볼 스피드를 높여 비거리를 늘리려면 무엇보다도 먼저 스윙 아크를 크게 하거나, 헤드 스피드를 높여야 한다고 생각을 하고,

연습장에서 구슬땀을 흘린다.

하지만 스윙 아크를 크게 하려고 하면 오히려 몸의 중심을 잃게 된다. 또 힘껏 치려고 하면 팔이나 손에 과도한 힘이 들어가고, 그렇게 연습을 하고 나면 등이나 팔에 통증이 생겨, 비거리는 늘어나지 않고 공의 방향성까지 나빠지는 악순환을 겪는 경우가 많다.

그만큼 헤드 스피드를 높여서 비거리를 늘리기가 쉽지 않다는 이야기일 수도 있다. 하지만 어렵게 클럽헤드 스피드를 높이지 않아도, 클럽 페이스의 스위트 스폿(Sweet Spot)으로 공을 치면 평균 비거리가 10~20% 늘어날 수 있다.

스위트 스폿은 사전적으로는 골프 클럽 페이스에 공이 맞았을 때 어떤 방향으로도 회전력이나 뒤틀림이 발생하지 않는 점을 의미하면서, 클럽 페이스의 무게 중심점이자 통상 반발계수가 가장 높은 점을 말한다.

아이언의 스위트 스폿　　　하이브리드 스위트 스폿　　　드라이버의 스위트 스폿

스위트 스폿은 클럽헤드의 에너지가 볼에 가장 잘 전달되고, 클럽의 탄성이 가장 높은 점이기 때문에 헤드 스피드를 높이지 않고도 볼 스피드가 높아져서 비거리가 늘어난다는 얘기다.

그런데 골퍼가 친 볼이 스위트 스폿에 얼마나 정확하게 맞았는지 아는 방법으로 어떤 것이 있을까?

요즘 스크린 골프 연습장에 가면 스매시 팩터(Smash Factor)라는 숫자가 표시되는 것을 볼수 있을 것이다.

스매시 팩터란 다음 공식에서 보는 것처럼 볼 스피드를 클럽헤드 스피드로 나누어서 나오는 값을 말하는데, 드라이버의 경우는 스매시 팩터가 1.50이면 스위트 스폿에 볼이 타격되어 클럽헤드의 스피드 에너지의 100%가 볼 스피드로 전달되었다고 할 수 있다.

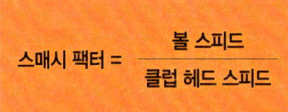

좌측 사진에서
스윙 스피드 95mph
볼 스피드 142mph
그래서 스매시 팩터는 1.49이다.

예를 들어 골퍼 A의 헤드 스피드가 90mph이고 스매시 팩터가 1.4라면 볼 스피드는 126mph이다. 반면 골퍼 B의 헤드 스피드는 A와 동일한 90mph이지만 스매시 팩터가 1.5라면 볼 스피드는 135mph가 된다. 따라서 A와 B 간에 발생한 볼 스피드의 차이는 9mph가 되어 골퍼 B의 비거리는 약 18야드 더 나오게 된다는 것이다.

또 다른 방법으로 아래 사진처럼, 클럽 페이스에 임팩트 포인트 체커(Impact Point Checker)를 붙여서 확인하면 볼이 클럽 페이스의 어떤 부분에 맞는지를 정확히 알 수 있다.

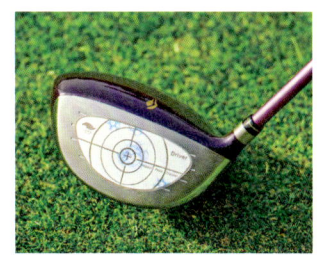

임팩트 포인트 체커   클럽에 붙인 임팩트 포인트 체커

결국 스위트 스폿으로 볼을 타격하면 스매시 팩터가 좋아지고, 볼 스피드가 높아져 비거리를 많이 낼 수 있다는 것이다.

스위트 스폿에 볼을 맞히기가 어렵다고 하면, 클럽 페이스의 어느 부위에 맞는 것이 비거리에 유리할까?

물론 스위트 스폿이 넓은 고반발 클럽같은 제품 특성의 차이, 골프장의 바람 등 환경적 요건에 따른 차이는 있겠지만, 아래 그림에서 보는 바와 같이, 아마추어의 경우 일반적으로 클럽 상단으로 볼을 치면 하단보다 비거리에 유리하다.

(클럽 페이스 위치별 볼 스피드 변화 값,
1 mph는 약 2~3야드 거리 증가)

원 속의 마이너스(-)가 표시된 숫자는 그 부위에 볼이 맞을 경우, 볼 스피드가 떨어지는 숫자이다. 예를 들면 -3 의 숫자는 볼 스피드가 3mph 낮아져 비거리가 약 9m 적게 나온다는 의미이다.

왜냐하면, 클럽 상단에 볼이 맞을 경우 하단보다 볼 스피드의 감소가 적고, 백스핀도 상단이 하단보다 1,100rpm 정도 낮아 볼이 그라운드에 떨어진 후에 많이 굴러 가기 때문이다.

그림에서 가운데 녹색 원의 "0"으로 표시된 부분이 스위트 스폿을 나타내는 위치인데, 실험에 의하면 적색 원의 "0"으로 표시된 부분, 즉 클럽 페이스의 중심보다 약간 위쪽인 토 쪽이 스위트 스폿으로 나타나는 경우도 있다고 한다.

그럼 어떻게 하면 스위트 스폿에 볼을 맞힐 수 있을까?

물론 정확하고 일관된 자신의 스윙 궤도를 만들고, 클럽 페이스가 타깃에 스퀘어가 되도록 하면 스위트 스폿에 공을 맞힐 수 있겠지만 연습량이 절대적으로 부족한 주말 골퍼의 경우는 그것이 쉬운 일이 아니다.

주말 골퍼의 경우는

- 첫 번째로, 그립을 가볍게 잡아 상체의 힘을 빼고, 바디스윙으로 일정한 스윙 리듬이나 밸런스를 찾아야 한다.

일반적으로 코스에 나가 볼 앞에 서면, 상체에 힘이 잔뜩 들어가고, 맥박수가 올라가고, 따라서 스윙이 빨라지면서 스윙 리듬이나 밸런스가 깨져 정확한 임팩트를 하기가 어려워진다. 그래서 오히려 거리가 줄어들거나 방향성이 크게 벗어나는 경우가 많이 생긴다. 그럴 때는 볼 앞에서 심호흡을 두 번 하고, 그립을 가볍게 잡고 가능한 한 천천히 스윙하는 것이 좋다.

- 클럽을 평소보다 짧게 잡는 것이 유리하다.

클럽을 길게 잡으면 스윙 아크가 커지면서 헤드 스피드를 높일 수 있다고 생각하지만 대부분 골퍼들은 클럽이 길어지면, 오히려 스윙 중에 몸의 중심을 잃거나, 오버 스윙 등이 생기면서 클럽 스피드가 떨어지는 경우가 많다. 반면, 클럽을 짧게 잡으면 스윙의 안정성이 높아지면서 헤드 스피드도 늘어나고 정확한 임팩트가 되어 비거리가 늘어난다. 미국프로골프(PGA) 투어 선수들의 평균 드라이버 길이는 44.75인치로 아마추어 골퍼보다 짧게 잡는다는 것이 정설이다.

- 백스윙부터 임팩트 순간까지 손목을 적게 쓰는 것이 좋다.

올바른 코킹은 장점이 많다. 하지만 손목을 많이 쓰는 것은 백스윙 시작 단계부터 손목의 턴이 많이 발생하면서 올바른 상체의 꼬임을 만들지 못하거나, 백스윙 톱 단계에서 코킹을 지나치게 하여 오버 스윙(Over Swing)이 되면서 정확한 임팩트를 어렵게 한다.

- 마지막으로 가장 중요한 포인트는 임팩트 순간에 머리의 위치가 어드레스 때의

위치에서 벗어나지 않도록 하는 것이다. 종종 코치들이 볼을 끝까지 보라고 말하는 것은 임팩트 시 머리의 위치를 고정하라는 뜻이다.

위에서 언급한 이러한 요소들을 고려한 스윙이 클럽의 스위트 스폿에 볼을 맞히는 확률을 높이는 좋은 방법이 된다.

스위트 스폿을 공략하면 볼 방향의 정확성과 비거리를 안정적으로 늘릴 수 있으니 많이 연습해 보길 바란다.

2. 파워 스윙하기

스윙 스피드를 늘리지 않고 비거리가 더 나오게 하는 방법을 알았다면, 이제 본격적으로 클럽헤드 스피드를 높이기 위해 파워 스윙을 알아야 한다.

일반적으로 스윙 스피드를 높이려고 팔로 클럽헤드를 힘차게 휘두르면 몸의 중심이 무너지고 볼의 방향도 엉망이 되고 만다.

어떻게 하면 자신의 스윙 스피드를 향상시키고, 안정적으로 장타를 만들 수 있는 파워 스윙을 할 수 있을까?

골퍼가 클럽헤드의 스피드를 더 높이려면 클럽에 더 큰 힘이 전달되게 해야 하는데, 그 힘을 만드는 원천은 크게 두 가지가 있다.

하나는 외부의 힘을 이용하는 '지면 반발력(Ground Reaction Force)'이고, 또 다른 하나는 우리 몸의 내부, 즉 상체의 꼬임에 의해 발생하는 '바디 파워', 달리 표현하자면 근력이라 할 수 있다.

1) 장타를 내려면 지면 반발력을 활용하라.

지면 반발력이란 골퍼가 스윙 자세를 취할 때 골퍼의 체중이나, 신체 활동으로 발생하는 힘이 지면을 누르게 되는데, 이 힘과 크기는 같으나 방향이 반대인 힘이 지면으로부터 신체에 작용하는 것을 말한다. (뉴턴의 제3 법칙인 작용 반작용의 법칙)

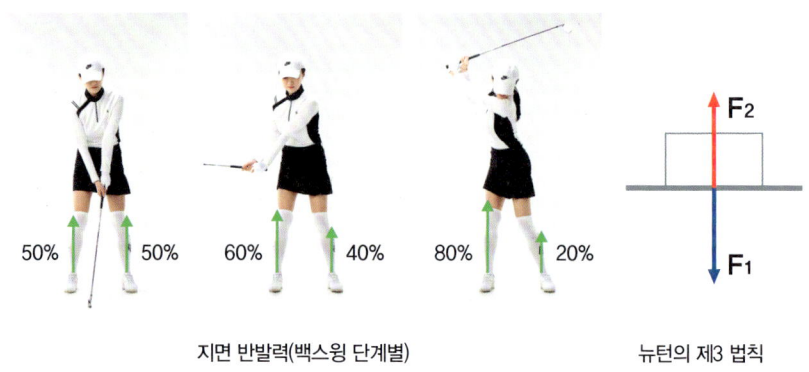

지면 반발력(백스윙 단계별)   뉴턴의 제3 법칙

골프 스윙을 할 때 대부분의 선수가 발로 지면을 박차거나 밀어서 몸을 움직이게 하는데, 이것을 지면 반발력을 얻는다고 한다.

지면 반발력은 다음 공식이 말하는 것처럼 선수의 체중이 무거울수록, 그리고 땅을 박차는 속도를 빨리할수록 크게 발생하고, 결과적으로 스윙 스피드를 높일 수 있는 파워 스윙을 할 수 있다.

※ 지면 반발력(힘) = 선수의 체중(중량) × 발로 땅을 박차는 속도(가속도).

그래서 물리학을 전공한 괴짜 골퍼로 유명한 미국의 브라이슨 디샘보는 2020년에 비거리를 늘리기 위해 84kg이던 몸무게를 무려 110kg까지 늘리면서 근력도 함께 늘렸다.

결과적으로 드라이버 샷 거리가 2019년 302.5야드(34위)에서 2020년 평균 322야드, 2021년에는 323.7야드로 장타 랭킹 2년 연속 1위에 올라 체중과 지면 반발력이 비례한다는 것을 입증했다고도 할 수 있다.

그럼 골프 비거리를 위해 몸무게를 늘려야 할까?

몸무게를 늘리지 않고도 스윙 스피드를 높이는 방법이 있다.

첫 번째로 백스윙 톱에서 반드시 오른발 뒤꿈치에 체중이 80% 이상 실리도록 하면 된다.

프로 골퍼와 다르게, 많은 아마추어 골퍼들이 백스윙 시에 체중을 오른발 뒤꿈치로 이동시키지 못하고, 팔로 클럽을 들었다가 다운스윙으로 내려오는 경우가 많다. 손이나 팔로 클럽을 백으로 들어 올리게 되면(오른손잡이 골퍼의 경우) 무게 중심이 위로 들리게 되고, 체중이 오른쪽으로 이동되지 않고 왼발에 많이 남아 있게 된다. 이렇게 되면 자신의 체중조차도 지면 반발력으로 활용하지 못하게 되는 것이다.

체중을 늘리지 않고 지면 반발력을 높이기 위해서는 백스윙 시 골퍼의 체중을 양발에 분산시키지 않고, 한쪽 발에 집중시키면 체중을 늘리는 것과 같은 효과를 낼 수 있다.

'백스윙을 천천히 하라'는 것은 상체가 꼬일 수 있는 시간과 체중이 오른쪽으로 넘어갈 수 있는 시간을 가지라는 이야기이기도 하다.

오른손잡이 골퍼의 경우 백스윙 톱에서 오른발 뒤꿈치에 체중이 80% 이상 실리는 것을 확실히 느낀 후 다운스윙으로 내려오게 하면 된다.

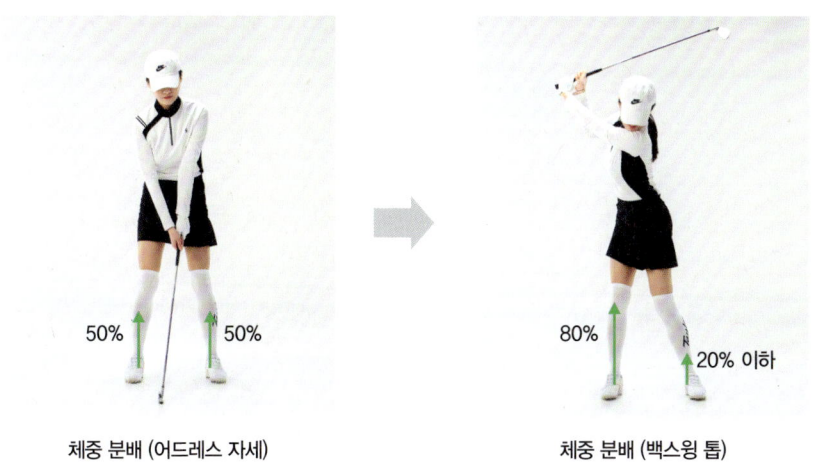

체중 분배 (어드레스 자세)   체중 분배 (백스윙 톱)

두 번째는 지면을 박차는 속도를 높일 수 있게 백스윙 톱에서 오른 무릎을 펴지 마라는 것이다.

많은 골퍼가 백스윙 시에 오른 무릎이 펴지고, 오른쪽 골반이 지나치게 높아지는 경우를 많이 보게 된다.

이렇게 되면 다운스윙 시에 오른발로 지면을 박차는 가속도를 높일 수가 없다.

박차는 속도를 높이기 위해서는 백스윙 톱에서 무릎(양 무릎)을 살짝 더 굽히고, 상체가 약간 낮아지는 자세를 취하면 다운스윙 시에 지면을 박차는 속도를 높일 수 있다.

다운스윙

세 번째는 이렇게 생성된 지면 반발력이 분산되지 않는 방법을 찾아야 한다는 것이다. 아마추어 골퍼의 경우는 다운스윙 시에 오른발 뒤꿈치를 왼쪽으로 밀기보다는 발이 먼저 시계 반대 방향으로 회전하면서 골반을 회전시키려 한다. 이렇게 발이 먼저 움직이는 이 회전력이 지면 반발력을 분산시킬 뿐만 아니라, 골반이 먼저 다운스윙을 리드해야 하는 다운스윙의 연속적인 순서를 어그러트리고, 엎어 치는 스윙이 되면서 오히려 스윙 스피드를 떨어뜨리게 된다.

지면 반발력 효과를 극대화하기 위해서는 발을 먼저 회전시키는 것이 아니라, 발에서 먼저 지면 반발력인 수직력과 수평력을 얻고, 이 힘을 이용해서 골반이 회전하면서 다운스윙 시에 스윙 파워가 극대화되도록 한다.

다운스윙에서 지면 반발력은 오른발에서 왼발 방향의 수평력과 땅을 박차는 수직력의 합력 방향으로 발생한다.

지면 반발력 (다운스윙)　　　　　　지면 반발력 (임팩트)

그럼 이렇게 지면 반발력으로 생성된 힘이 어떻게 클럽으로 전달될까?

그것은 운동 사슬(Kinetic Chain) 즉, 몸의 분절들이 관절을 통해 유기적으로 연결된 움직임을 통해 전달되는데, 발, 다리에서 생성된 지면 반발력(수직+수평력)이 점차 엉덩이, 몸통, 어깨 및 팔을 통해 클럽(회전력)으로 전달된다.

만약 우리가 발에서 지면 반발력을 얻지 못하면 클럽헤드 스피드(힘)를 발생시키기가 어렵게 된다는 것이다. 이는 얼음 위에서, 혹은 공중에서 골프스윙을 정상적으로 할 수 없는 이유이기도 하다.(다음 페이지 유튜브 참조).

https://youtu.be/T4TxahKAqlg

그만큼 골프에서 지면 반발력이 클럽 스피드와 공의 방향성에 중요한 역할을 한다.
지면 반발력을 효율적으로 높이는 방법을 요약해 보면 다음과 같다.
- 준비 단계에서 발이 미끄러지지 않도록 신발이 발과 일체가 되도록 한다. 신발이 지면과 견고하게 접촉할 수 있는 스파이크형 구조의 신발이 도움이 된다.
- 어드레스 시에 양 발바닥이 지면에 밀착되는 느낌이 들 수 있도록 가능한 한 몸의 무게중심을 발바닥쪽으로 내려야 한다.
- 백스윙 톱에서 오른쪽 무릎이 약간 구부러진 상태로 유지되면서 체중의 80% 이상이 오른발 뒤꿈치에 실려야 한다.
- 다운스윙 시작 시 지면 반발력이 최대가 될 수 있도록 하체를 약간 낮추는 자세(개구리 점프 준비 자세)를 취한다.
갑자기 스윙 스피드를 높이기는 쉽지 않지만, 그렇다고 불가능한 것은 아니다.
스윙 스피드를 높이기 위해서는 우선 지면 반발력을 잘 이해하고, 꾸준한 연습을 통해 나 자신의 스윙 파워를 만들어야 한다.

2) 장타를 내려면 상체의 꼬임을 만들어라.
상체 근육의 꼬임에 의해 발생하는 '바디 파워' 즉 근력은 어떻게 생기고 축적될까?

바디 파워를 이해하기 위해서는 먼저 우리의 몸의 신체적 구조를 이해하고, 스윙과정에서 힘이 축적되는 신체 부위와 자세에 대해 잘 아는 것이 중요하다.
그래야 올바른 몸의 꼬임을 만들 수 있을 뿐만 아니라 나만의 멋진 스윙으로 호쾌한 장타를 만들 수 있다.
힘은 우리 몸의 근육이 꼬였다가 풀어지는, 즉 근육이 늘어났다가 수축이 되는 과정에서 발생한다. 백스윙에서 상체를 꼬게 되면 근육이 늘어나게 되고, 이 늘어났던 근육이 다운스윙에서 순간적으로 짧아지고, 굵어지면서 바디 파워가 발생하는 것이다.

골프에서 바디 파워는 백스윙 시에 상체의 꼬임에 의해서 생기는데, 상체의 꼬임을 만들려면 꼬임을 잡아주는 고정점이 있어야 하고, 그 고정점을 기준으로 꼬임에 의한 힘이 발생하는 것이다.
신비롭게도 우리 몸은 꼬이는(Mobility: 가동성) 부위와 고정점(Stability: 안정성) 부위가 서로 교차적으로 구성되어 있다. (다음 그림 참조).

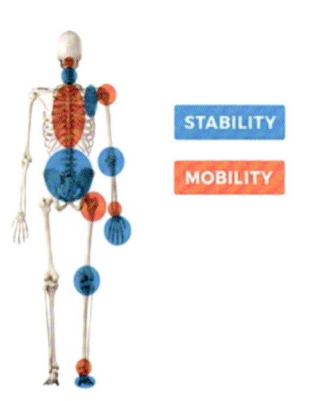

발	안정성
발목	가동성
무릎	안정성
고관절	가동성
골반/천골/요추	안정성
흉추	가동성
견갑-흉부	안정성
상완관절/어깨	가동성
팔꿈치	안정성
손목	가동성
손	안정성

TPI 그림 인용

꼬이는 부위란 관절이 회전할 수 있는 부위이고, 고정점 부위란 관절 부위가 단지 두 방향으로만 움직일 수 있는 부위로 우리의 몸을 바르게 지탱할 수 있게 하는 부위를 말한다.

예를 들면, 발과 무릎, 골반은 고정점이고, 발목과 고관절은 회전이 가능한 꼬이는 부위이다.

골프스윙에서 이러한 우리 몸 관절의 교차적인 구성을 이해하고, 고정점과 꼬이는 부위가 제 역할을 하게 했을 때, 몸의 바른 꼬임이 일어나고 힘이 발생하는 것이다. 앞서 나온 그림에서 우리의 몸의 파란색 부위는 근본적으로 회전이 되지 않는 관절 구조로 되어 있기 때문에 근육을 잡아 주는 고정점 역할을 하고, 적색 부위는 회전할 수 있는 꼬이는 관절 구조로 되어 있기 때문에 회전을 주도해 주변 근육을 늘려 주는 역할을 하게 된다. 그래서 아마추어 골퍼들의 가장 많은 문제점 중의 하나는 백스윙 시에 고정점이 돼야 하는 고관절(골반)을 미리 돌려 상체를 회전하는 것이다.

이렇게 되면 상체 근육에 꼬임이 발생하지 않아 파워가 충분히 생기지 않거나 아예 발생하지 않아서 파워 스윙을 하기 어려울 뿐만 아니라, 올바르게 백스윙을 못 하게 되는 것이다.

그래서 골프연습장에서 "하체를 잡고 하세요. 상체와 하체가 분리되어야 합니다"라고 이야기하는 것은 백스윙은 상체를 꼬이게 하는 과정으로, 꼬임의 고정점이 되는 고관절을 미리 회전시키지 말고, 고관절을 최대한 잡고 꼬임이 생기게 백스윙을 하라는 말이다.

이러한 백스윙을 통해서 발생하는 바디 파워는 우리 몸의 어떤 부위에 축적되는 걸까? 오른손잡이의 경우로 설명하면, 백스윙 과정에서 우리 몸의 4개 요소에 파워가 축적된다. 즉, 손목 코킹, 샤프트와 왼팔이 만드는 각도, 오른팔의 굽힘, 그리고 마지막으로 왼쪽 팔과 어깨가 만드는 각도에 의해서 힘이 축적된다는 것이다.

따라서 백스윙 시에 이러한 요소들과 관련된 정확한 움직임을 이해하는 것이 중요하다.

첫 번째로 손목 코킹은 언제 어느 정도로 하는 것이 좋을까?
손목 코킹은 힘의 축적 요소이기도 하지만, 지나치게 코킹을 크게 하거나 빨리하면 백스윙 시에 몸의 균형이 무너지기 쉽고, 다운스윙 시에 정확한 임팩트를 어렵게 하여 오히려 방향성과 거리에 손실이 발생하기 쉬우므로 적절한 시기에 적절한 코킹을 하여야 한다.
가장 이상적인 코킹은 아래 우측 사진에서처럼 백스윙 단계에서 양손이 허리춤에 왔을 때, 자연스럽게 클럽 샤프트가 지면과 평행하게 코킹을 하는 것이다.

지나친 코킹

올바른 코킹

두 번째로 샤프트와 왼팔이 만드는 각도는 다음 사진처럼 왼팔이 지면과 평행하게 되었을 때 자연스럽게 L자 모양이 되도록 손목 코킹을 조금 더 하고, 오른발에 체중이 실리게 하면 된다.

L자 백스윙

세 번째로 오른팔의 굽힘은 아래 사진처럼 클럽이 백스윙 톱으로 올라갔을 때 오른 팔이 치킨 윙이 되지 않고, 오른 팔꿈치가 땅을 향하게 굽어져 자연스럽게 클럽을 받치는 형상이 되도록 하는 것이 중요하다.

마지막으로 왼쪽 팔과 어깨가 만드는 각도는 아래 사진처럼 백스윙 톱에서 왼팔과 어깨가 이루는 각도인데, 이 자세는 몸의 유연성과 밀접한 관계가 있는 자세로 왼 어깨가 턱밑까지 오도록, 즉 어깨 회전이 90° 이상이 되는 것이 이상적이라 할 수 있다.

결론적으로 파워 스윙을 하기 위해서는 지반 반발력과 더불어 백스윙 시에 상체의 꼬임에 의해 발생하는 파워, 즉 근력을 극대화시켜 파워가 축적되는 원리를 이해하고, 이를 스윙 스피드로 연결하기 위한 부단한 연습이 필요하다.

3) 장타를 치려면 다운스윙 순서(Sequence)를 지켜라.

이제 다운스윙으로 시원한 장타를 날리면 된다.
파워스윙을 할 수 있는 지반 반발력과 힘을 축적할 수 있는 우리의 몸의 구조, 힘이 축적되는 스윙 시의 동작에 대해 이해했으니 말이다.
어떻게 하면 우리 몸에 축적된 이 에너지를 스윙 스피드로 바꿀 수 있을까? 방법은 간단하다.
다운스윙의 운동학적 순서(Kinematic Sequence)에 따라 다운스윙을 자신 있게 하면 클럽헤드는 자연스럽게 부드럽고 빠른 헤드 스피드를 내면서 볼을 임팩트하게 된다.

다운스윙의 운동학적 순서라 하는 것은 다운스윙을 할 때 몸의 움직임이 골반→몸통→왼팔→클럽 순으로 차례대로 이루어져야 한다는 것이다.

다운스윙의 운동학적 순서

즉 다운스윙에서 척추의 뿌리라 할 수 있는 천골을 감싸고 있는 골반이 가장 먼저 회전하기 시작하면, 척추를 중심축으로 하여 몸통, 팔 그리고 클럽이 가장 늦게 따라 내려오면서 회전하게 되는 것이다.

이렇게 다운스윙의 운동학적 순서를 지키면, 다운스윙 시에 클럽 궤적이 자연스럽게 인 투 아웃(In-to-Out)으로 형성되면서 섈로(Shallow) 스윙을 할 수 있게 된다. 따라서 다운스윙 시에 손목과 팔꿈치가 빨리 펴지는 캐스팅(Casting)이나 스윙면을 과도하게 벗어나는 오버 더 톱(Over the Top)을 방지할 수 있으며, 또한 힘 있는 임팩트를 할 수 있다.

하지만 많은 골퍼는 클럽이 볼을 치는 기구이기 때문에 팔과 어깨로 다운스윙을 시작해야 한다고 직관적으로 믿고, 상체에 잔뜩 힘을 주어 팔이나 어깨가 골반보다 미리 회전하는 다운스윙을 시작하여, 볼의 방향성은 물론 파워까지도 함께 잃는 나쁜 샷을 만들고 만다.

결론적으로 백스윙에서 바디 턴을 통해 몸이 잘 꼬인 상태에서 운동학적 순서만 잘 지켜서 골반 회전부터 시작되는 다운스윙을 하면 자연스럽게 파워스윙을 통해 장타를 날릴 수 있다는 것이다.

더 빠른 헤드 스피드를 내고, 더 멀리 치고 싶다면 팔로 클럽을 후려치지 말고 클럽을 가볍게 잡아 골반 턴의 속도를 높이면 자연스럽게 클럽헤드의 스피드는 빨라지고 볼은 더 멀리 날아간다.

3. 장타 이야기

1) 장타를 위해서는 쇼트 & 롱 백스윙 중 어느 것이 좋을까?

코로나의 영향인지 아니면 브라이슨 디섐보의 영향인지는 모르나 PGA 투어 선수들 사이에 드라이버 비거리 경쟁이 불붙고 있는 것 같다는 생각이 든다.

300야드가 넘는 선수가 2019년에 51명, 2020년에는 71명으로 급증했으니 말이다.

드라이버 비거리와 투어 성적은 비례하는 걸까?

2019년 PGA 투어 톱 10 선수들의 드라이버 비거리를 분석해보면 평균 드라이버 비거리는 305야드로 투어 프로 선수들의 평균값을 상회하고, 드라이버 거리가 300야드가 안되는 선수는 단 1명으로, 우수한 성적을 내기 위해서는 드라이버 비거리가 300야드가 넘는 것이 필수 사항처럼 여겨지고 있다.

이러한 장타를 위해, 더 큰 백스윙이 필요한 것일까?

우리는 다음 사진에서 그 답을 찾을 수 있다.

John Daly SNS

Bubba Watson SNS

롱 백스윙

① 존 댈리(좌)는 1995년에서 2002년까지 PGA드라이버 장타 1위. 평균 드라이브 비거리를 300야드 이상 날린 최초의 PGA 선수.

② 버바 왓슨(우) 2019년 PGA 드라이버 장타 6위(311.6야드)

J.B Holmes SNS

Tony Finau SNS

쇼트 백스윙

③ J.B 홈스(좌)는 2019년 PGA드라이버 장타 16위(306.7야드)

④ 토니 피나우(우) 2019년 PGA 드라이버 장타 9위(309.50야드)

상단 왼쪽 사진은 1995년에서 2002년까지 7년 연속으로 PGA 드라이버 장타 1위를 차지했고, PGA 투어 선수 최초로 평균 드라이브 비거리 300야드 이상을 날린 최초의 선수인 존 댈리, 오른쪽은 2019년 PGA 드라이버 장타 6위(311.6야드) 버바 왓슨으로 둘 다 PGA를 대표하는 롱 백스윙 선수이다.

반면 아래 사진은 2019년 PGA 드라이버 장타 16위(306.7야드)인 J.B 홈스와 9위(309.5야드)인 토니 피나우로 PGA를 대표하는 쇼트 백스윙 선수이다.

클럽을 중심으로 한 백스윙의 크기만 보면 존 댈리나 버바 왓슨의 백스윙이 J.B 홈스나 토니 피나우의 스윙에 비해 엄청나게 크지만 드라이버의 비거리의 차이는 크지 않다. 왜 그럴까?

우리는 백스윙의 크기를 클럽헤드의 회전량으로 알고 있고, 백스윙이 크면 자연스럽게 비거리가 늘어난다고 생각해서가 아닐까?

백스윙은 임팩트를 위해 파워와 정확성을 준비하는 과정인 만큼, 장타를 날리기 위해서는 백스윙을 할 때, 상체에 강력한 꼬임을 만드는 것이 중요하다.

그래서 백스윙은 클럽헤드의 회전량이 아니라 상체의 올바른 꼬임을 얼마나 극대화하는지가 중요하다 할 수 있다.

그런 관점에서 보면 쇼트 백스윙으로 알려진 J.B 홈스나 토니 피나우의 어깨 회전량 즉, 상체의 꼬임이 결코 롱 백스윙이라 알려진 존 댈리나 버바 왓슨의 상체의 꼬임보다 적다고 할 수 없다. 그래서 비거리에서 차이가 나지 않으면서 볼의 정확성까지 겸비할 수 있다.

우리가 기억해야 할 것은 백스윙 톱에서 클럽의 회전으로 말하던 백스윙의 크기를, 올바른 상체 꼬임의 척도라 할 수 있는 왼쪽 어깨(오른손잡이 기준)가 턱밑에 놓이는지, 아니면 턱밑을 얼마나 지나가는지를 기준으로 측정해야 한다는 것이다. 롱 백스윙의 대명사인 존 댈리는 2002년 당시 투어 선수 최초로 드라이버 비거리 300야드를 돌파하면서 새로운 이슈를 제시했다. 그의 호쾌한 스윙이 골프에 대한 대중의 관심을 이끌어 냈을 뿐만 아니라 골프산업과 골프스윙의 발전에 지금까지도 지대한 공헌을 해 왔음을 그 누구도 부인하지 않을 것이다.

존 댈리는 백스윙 시 하체의 회전량이 많고, 백스윙 톱에서 클럽이 업라이트(어깨와 목 사이)로 많이 올라가면서 척추를 중심으로 한 회전량보다는 어깨나 흉추의 회전량이 많아, 오늘날 스윙의 메커니즘과는 차이가 있다.

하지만 장타를 날리는 존 댈리의 몸의 유연성과 균형 감각, 그것은 누구도 흉내 내기 어려운 그만이 할 수 있는 스윙이다.

반면 백스윙 시에 상체와 하체가 분리되고, 상체, 즉 척추를 중심으로 한 강력한 코일링을 만들어서 클럽의 스피드를 높여 정확성은 물론 장타까지 날리는 J.B 홈스나 토니 피나우의 쇼트 백스윙을 여러분들이 새로운 스윙 개념으로 기억하고 연습하기를 기대해 본다.

2) 장타에 유리한 드라이버 샤프트 길이는

"바꿔, 바꿔, 모두 다 바꿔~' 노랫말처럼 들리지만, 한때 장타에 목숨(?)을 건 아마추어 골퍼들이 비거리 나오는 드라이버로 바꾸려는 광풍이 일어난 적도 있다. 비거리를 더 내려고 하면 샤프트가 짧은 드라이버가 좋을까, 아니면 긴 드라이버가 좋을까?

Taylormade.com

많은 골퍼들이 이 질문 앞에서 망설이게 된다.
대부분의 기성 표준 드라이버 샤프트 길이가 1990년대 초까지는 43~43.5인치였는데, 현재는 약 46인치까지 증가했고, 일부 프로골퍼들의 경우 현행 골프 룰의 최대치인 48인치를 쓰기도 한다.
과연 드라이버 길이가 길면 실전에서 평균 비거리가 많이 나올까?
핸디캡이 다른 아마추어 골퍼들이 3종류(43, 44, 45인치)의 드라이버로 비거리를 시험해 본 결과는 다음과 같다.
핸디캡이 낮은(0~5) 그룹에서만 가장 긴 45인치 드라이버를 사용했을 때 43인치 드라이버에 비해 1.2야드 비거리 증가가 있었을 뿐, 나머지 그룹에서는 오히려 짧은 클럽을 사용했을 때 비거리가 늘어났다. 그렇다면 이것은 물리법칙의 역행이 아닐까?

이러한 실험 결과에도 불구하고 시중에서 판매되고 있는 표준 드라이버의 평균 길이는 PGA 투어 선수들의 평균 드라이버 길이인 44.75인치보다 긴 45.5인치라고 하니, 이건 또 단순한 물리적 법칙을 이용해 아마추어들을 유인하는 메이커들의 마케팅 전략일까? 아니면 아이언보다 더 가벼운 샤프트가 나오면서 클럽 무게 중심을 맞추어야 하는 기술적인 문제일까?

아무튼 스윙 스피드가 동일하다면 분명 더 긴 드라이버 샤프트를 사용함으로써 더 빠른 헤드 스피드를 낼 수 있다는 것은 부정할 수 없는 물리적 이론이다. 하지만 볼 스피드를 바꿀 수 없다면, 드라이버가 더 길어야 할 이유도 없지 않을까?

긴 샤프트의 클럽을 사용하면 다음과 같은 단점이 있다.
- 스위트 스폿에 볼을 맞히기 어려워져 헤드 스피드가 늘어나더라도 비거리는 증가하지 않는다.
- 긴 클럽으로 스윙하면 몸의 균형이 쉽게 무너져 짧은 클럽으로 스윙할 때와 같은 스윙 스피드를 기대하기 어렵다.
- 실험에 따르면 러프에 볼이 떨어질 경우 페어웨이에 떨어지는 것에 비해 런이 18야드 이상이 줄어들어 실제 비거리 증대 효과가 불분명하고 스코어를 줄이기가 더 어려워진다.
- 그리고 드로 샷을 구사하기도 더 어려워진다.

결론적으로 긴 드라이버를 쓰면 볼을 컨트롤하거나 스윙의 밸런스를 유지하기 어렵고, 그래서 샤프트가 길어진다고 장타를 내기가 어렵다는 것이다.

그러면 PGA 프로들의 드라이버 길이는 어떨까?

PGA 프로들의 샤프트 길이, 클럽 무게, 로프트 각도 및 그립 선호도 등 프로들이 사용하는 클럽에 대한 각종 정보는 영업 비밀로 하여 일반적으로 잘 알려지지 않고 있다. 하지만 분명한 것은 대부분의 프로들이 표준 드라이버 길이보다 짧은 드라이버를 주로 사용한다는 것이다.

기네스북에 기록된 프로골프 토너먼트 최장 비거리는 마이크 오스틴(미국, 1910~2005, 188㎝)이 1974년 라스베이거스에서 열린 미국 내셔널 시니어오픈 챔피언십에서 64세에 기록한 515야드이다. 당시 사용했던 장비는 스틸 샤프트가 달린 43.5인치 길이의 감나무 우드였다.

마이크 오스틴(미국, 1910~2005, 188㎝) Michael Austin SNS

또한 PGA 평균인 44.75인치 미만의 드라이버를 사용하는 것으로 유명한 리키 파울러(미국, 1988~, 175㎝)는 2017년에 코브라 드라이버 43.5인치를 사용하여 그 시즌에 혼다 클래식에서 우승했고, 2019년에도 드라이브 비거리를 300야드 이상을 날려서 비거리 랭킹 30위(303.1야드)를 차지했다.

리키 파울러(미국, 1988~ ,175㎝) Rickie Fowlen SNS

비거리는 결코 드라이버 길이와 비례하지 않는다.

드라이버 길이를 선택할 때는 자신의 신장 또는 선 자세에서 측정한 손목에서 바닥까지의 길이나 개인적인 스윙 특성 등을 고려하는 것이 일반적인 방법이다. 미국의 경우는 표준 드라이버 길이가 우리나라 평균신장보다 큰 178㎝에 맞추어져 있다고 하니 미국에서 클럽을 구매할 때는 이런 사항도 고려하는 것이 바람직할 것이다.

그리고 드라이버를 선택할 때 클럽 피팅의 세계 최고 권위자 중 한 사람인 톰 위숀(Tom Wishon)의 말을 꼭 기억했으면 한다.

"거의 모든 골퍼는 44인치 이상의 드라이버 샤프트로 플레이해서는 안되고, 또한 골퍼가 플레이해야 하는 가장 긴 길이의 샤프트는 골퍼가 가장 높은 비율로 스위트 스폿(Solid and On-Center)으로 볼을 칠 수 있는 길이의 드라이버라는 것을 말이다.

이처럼 드라이버 길이에 자존심을 걸 이유는 없다.

비거리에 영향을 미치는 핵심 요소는 클럽의 길이가 아니라 볼 스피드, 런칭 앵글

(공이 뜨는 각도), 스핀 등 3가지임을 기억하길 바란다.

3) 장타를 위한 별난 스윙 - GG Swing

골프를 하는 사람이면 누구든 장타자가 되고 싶어 한다.
그래서 누구나 이 스윙을 익히면 130mph의 헤드 스피드를 낼 수 있다고 하는 골프 스윙 이론이 현재 골프 세상을 뜨겁게 달구고 있다. 거기에다 이 독특한 스윙 이론과 그의 교육 스타일에 매료된 10만 명 이상의 인스타 팔로워까지 있다는데, 이것이 요즘 가장 핫하다고 하는 지지 스윙(GG Swing)이다. 지지 스윙이란, 이론을 만든 사람의 이름인 조지 간카스(George Gankas)에서 이니셜을 따온 것으로, 그는 로스앤젤레스에서 북쪽으로 30마일 떨어진 웨스트레이크 골프코스(Westlake Golf Course)에서 평소 슬리퍼와

조지 간카스
George Gankas SNS

헐렁한 반바지를 착용하며 근무하는 소탈한 시골 아재 같은 골프 인스트럭터에 불과했다. 하지만 현재 그는 독특한 스윙 이론과 그만의 교육 스타일로 일약 스타가 되어 유명세를 타고 있다.

그는 언제부터 유명해진 걸까?

결정적인 계기는 독특한 스윙을 가진 그의 추종자이며 제자인 매슈 울프(Matthew Wolff)가 2019년 7월 7일 미네소타주에서 열린 PGA 투어 3M 오픈에서 첫 우승을 차지하면서 이다. 이것으로 지지 스윙의 우수성이 대외적으로 입증되면서 조지 간카스는 골프 다이제스트 선정 2019~2020년 미국 최고의 골프 교습가 50위 중에 11위를 차지하여, 역사상 가장 높은 순위로 데뷔한 스타 골프강사가 되었다. 스윙을 시작하기 전에 왼쪽 다리 차기를 먼저 하는 독특한 스윙을 가진 14살의 매슈 울프를 처음 만날 때, 조지 간카스는 그의 아버지에게 다른 모든 골프 교습가와는 다르게

그의 스윙을 뒤집지 않겠다고 약속했다. 그 약속을 지키면서 울프 스윙의 많은 것들을 다듬어 매슈 울프가 독특한 스윙을 가지고도 PGA 투어 우승을 가능케 하니, 그의 지지 스윙과 교육 스타일에 대한 골퍼들의 관심이 더욱 뜨거워지게 되었다.

지지 스윙의 핵심은 무엇일까?

"모든 스윙의 본질은 같다." 이것이 조지 간카스의 골프스윙에 대한 기본 철학이라 할 수 있다.

그는 골프스윙에 대해 많은 관심을 가지고 바비 존스, 벤 호건, 샘 스니드, 게이 브루어 같은 과거 황금시대의 골프스윙뿐만 아니라, 캐나다 출신으로 롱 드라이버 대회 세계 기록 보유자이며 롱 드라이버의 아이콘인 제이미 새들로스키(Jamie Sadlowski, 캐나다)의 현대 스윙까지 연구하면서 그만의 독특한 스윙 모션을 만들었다고 한다.

지지 스윙은 골프스윙 이론적 측면에서 보면 스윙 이론을 벗어난 다소 새로운 이론으로 스윙 스피드를 높이고 스윙의 단점을 최소화할 수 있는 그만의 특화된 스윙 모션을 만들었다 할 수 있다.

아무튼 연습 시간이 부족한 아마추어들이 따라 하기에는 다소 어려운 것이 사실이다. 이 지지 스윙의 특성을 짚어 보면 다음과 같이 정리할 수 있다.

① 어드레스 시에 등뼈가 둥글어지도록 하고 적게 굽힌다.

볼과 몸이 가까운 이 자세는 아래 사진처럼 브룩스 켑카의 어드레스 자세보다 임팩트 시에 골반이 볼을 향해 회전하기 좋은, 즉 몸의 안정성보다 바디의 회전력을 빠르게 하는 장점을 강화할 수 있게 등을 둥글게 한다.

조지 간카스(좌)와
브룩스 켑카(우)의 어드레스 자세 비교
George Gankas SNS
Brooks Koepka SNS

② 어깨 회전이 충분히 일어나게 백스윙을 완료한다.

어깨 회전을 충분히 하고, 스윙 파워를 높이기 위해서는 왼쪽 무릎이 시계방향으로 약간 회전하면서 오른쪽 무릎 쪽으로 이동하는 것을 허용하는데, 이는 우측 사진의 롱 드라이버 챔피언인 새들로스키의 모션과 유사성이 있다.

조지 간카스(좌)와 제이미 새들로스키(우)의 백스윙 톱에서 어깨 회전 자세 비교
George Gankas SNS / Jamie Sadlowski SNS

③ 오른팔이 치킨 윙이 되게 높이 든다.

백스윙 시 야구 스윙처럼 오른쪽 팔꿈치를 높이 들어올려서 치킨윙이 되게 하는데, 이 스윙 모션은 다음 사진 오른쪽의 전설적인 골퍼 잭 니클라우스의 스윙 모션과 유사성이 있다.

백스윙 톱에서 조지 간카스(좌)와 잭 니클라우스(우)의 오른 팔꿈치 자세 비교
George Gankas SNS / Jack Nicklaus SNS

④ 다운스윙에서 볼에 '스쿼트 다운(지반에 접지 토크)' 하라.

다운스윙을 시작하면서 상체의 회전에 앞서 하체를 스쿼트 자세로 무릎을 벌린 상태에서 다운하여 발의 지반 접지력을 좋게 하고, 무릎의 회전과 동시에 크게 골반 회전이 될 수 있는 자세를 취한다. 이는 지지 스윙의 핵심이며 가장 독특한, 차별화된 스윙 모션이라 할 수 있다.

조지 간카스(좌) 와 브룩스 켑카(우)의 다운스윙 시작할 때 하체의 움직임 비교
George Gankas SNS / Brooks Koepka SNS

⑤ 섈로 스윙이 되게 손목 코킹을 임팩트 전까지 유지하라.

클럽이 플레이어의 척추에 직각이 되도록 오른 팔꿈치가 오른쪽 옆구리를 향하도록 하고, 손목의 코킹을 일찍 풀리지 않도록 한다. 이것은 현대골프의 아버지라 불리는 벤 호건의 야구 스윙(가운데 사진)모션과 유사성이 있다.

조지 간카스(좌), 벤 호건(중), 브룩스 켑카(우)의 손목 코킹 유지 자세 비교
George Gankas SNS / Ben Hogan SNS / Brooks Koepka SNS

⑥ 지반 반발력을 이용해 튀어 오르듯 임팩트를 하면서 클럽을 미친듯이 회전시켜라. 손은 바디 회전에 수동적이어야 하고, 클럽 페이스가 볼에 직각으로 스위트 스폿에 만날 수 있도록 하려면, 스쿼트 자세에서 튀어 오르듯 엉덩이(골반)와 가슴을 강하게 회전시키는 모션을 취해야 한다.

조지 간카스(좌), 매슈 울프(중), 브룩스 켑카(우)의 임팩트 자세 비교
George Gankas SNS / Matthew Wolff SNS / Brooks Koepka SNS

바디스윙이 골프스윙이다

CHAPTER 2
Golf 스윙

과거의 골프스윙은 경험에 의한 스윙 이론이었지만, 고속카메라와 IT 기술이 발전하면서 PGA 투어 선수들의 스윙 분석이 가능해지자, 스윙에 대한 통계적이고 과학적인 이론이 정립되었고, 또한 골프 장비들이 발전하면서 오늘도 그 이론들이 진화하고 있다.

골프스윙은 개인에 따라 분명 차이가 있다. 그 이유는 개인별로 신체적 정신적인 차이가 있기 때문이다. 차이를 무시하고 획일적인 스윙을 강요한다는 것은 인간이 기계가 되기를 바라는 것과 같다고 할 수 있다. 인간은 결코 기계가 아니고 기계가 될 수 없기 때문이다. 하지만, 골프스윙의 각 단계에서 꼭 지켜야 할 기본 원칙이 있다.

CHAPTER 2
Golf 스윙

바디스윙이 골프스윙이다

Golf 스윙

어떻게 하는 것이 가장 효율적인 골프스윙을 하는 것일까?

각 단계를 어떻게 구분하고, 각 단계에서의 완벽한 스윙이란 어떤 것일까?

이를 위해 요즈음은 고속카메라와 IT 기술을 이용하여, 많은 골퍼가 자신의 스윙을 비디오로 찍어서 분석하며 연습하기도 하고, 또는 골프스윙 시뮬레이터를 통하여 자신의 스윙을 잘 만들기 위하여 열심히 노력도 해 보지만, 라운드를 나가면 기대만큼 성과가 나지 않아 실망을 안고 돌아오게 된다.

특히 시니어 골퍼의 경우에는 그 괴리감이 크게 발생하는데, 그 이유는 2가지일 것이다.

첫 번째로 프로들은 어린 시절부터 골프를 시작하였고, 연습량이나 근육의 발달 정도가 아마추어와는 큰 차이가 있다.

두 번째는 대부분 아마추어 골퍼들이 스윙 단계에서 필수적으로 요구되는 정확한 자세를 잘 이해하지 못하고 누군가의 스윙을 흉내 내기 때문일 것이다.

따라서 골프를 잘하기 위해서는 프로와 같은 몸을 만들 수는 없다 하더라도 각 스윙 단계에서 요구되는 정확한 동작과 그 이유를 파악해 항상 올바른 연습을 해야 한다.

그러면 골프 실력이 프로만큼은 아니라 하더라도 상당한 수준으로 향상될 것이다.
한 조사에 의하면 PGA 투어 프로의 평균 백스윙 시간은 약 0.75초이며 다운스윙의 경우는 0.25초가 걸린다고 한다.
이러한 백스윙과 다운스윙의 시간적 비율을 스윙 리듬이라고 하고, 이 비율은 3:1이 이상적이라 한다.
그래서 스윙 리듬을 잘 지키라고 하는 것은 이 백스윙과 다운스윙의 시간적 비율을 잘 지키라고 하는 말이다.
아무튼, 투어 프로는 스윙을 시작하면 약 1초 안에 끝낸다는 것이고, 아마추어 골퍼들은 스윙 속도가 더 느리다고 하더라도, 길어야 1.5초 안에 스윙이 이루어진다는 것이다.
이 짧은 시간에 이루어지는 동작의 단계를 세분화하니 이론적으로 올바른 스윙 동작을 따라 하기도 쉽지 않은 것이 사실이다.
하지만 오늘날 고속카메라와 IT 기술의 발달로 레전드 골퍼들의 스윙을 정밀하게 분석 가능하게 되었고, 또한 통계적으로 올바른 스윙에 대한 이론을 정립할 수 있게 되었다.
그래서 골프 교습가에 따라서 골프 스윙 단계를 2단계 또는 4, 6, 8단계로 구분해서 각 단계에서 기본적으로 지켜야 할 스윙의 기본과 그 이유를 설명할 수 있는 것이다.
올바른 스윙을 설명하기 위하여 미국의 유명한 교습가이며, '8스텝 스윙'이란 책의 저자인 짐 맥린(Jim McLean)의 구분에 따라 스윙을 8단계로 나눠, 각 단계에서 요구되는 중요 사항을 새로운 골프스윙의 메커니즘에 기초하여 설명하고자 한다.
짐 맥린은 8-스텝 스윙(The Eight-Step Swing)이란 책에서 아래와 같이 풀 스윙을 8단계로 나누었다.
1) 백스윙의 시작(The First Move in The Backswing)
2) 하프웨이 백(Halfway Back)

3) 3/4 백스윙(Three-Quarter Backswing Position)

4) 백스윙 톱(Backswing Completed)

5) 다운스윙(Move Down to The Ball)

6) 임팩트(Impact)

7) 폴로 슬루(Early Follow-Through)

8) 피니시(Finish and Rebound)

이를 바탕으로 각 단계의 핵심 사항들을 상세하게 설명하고자 한다.

8-스텝 스윙(The Eignt-Step Swing)

1. 백스윙의 시작(The first move in the back swing)

백스윙의 시작 단계란, 어드레스 상태에서 백스윙을 시작하는 첫 번째 단계로 백스윙을 하기 위하여 클럽헤드를 볼 후방 직선으로 약 1미터 정도 움직여 상체가 감기기 시작하는 단계를 말한다.

백스윙의 시작

백스윙은 일부 골퍼들이 추구하는 클럽을 머리 위로 얼마나 높이 드느냐의 문제가 아니다.
상체의 꼬임을 통해서 파워를 비축함과 동시에 공을 똑바로 치기 좋은 위치(스윙 아크)로 골프 클럽을 배치하여, 임팩트 시에 클럽헤드 스피드를 가속시키는 것을 목적으로 한다.
백스윙을 시작해서 백스윙을 완성하는 최종적인 목표는 척추를 중심으로 상체를 얼마나 올바르게 꼬이게 하느냐의 문제이다.
백스윙은 클럽이 제일 먼저 움직이고, 팔→어깨→허리→히프→무릎 순서로 이루어져야 하는데, 이러한 순서를 잘 지키려면, 백스윙의 시작 단계가 잘 되어야 한다.
왜냐하면, 우리 몸의 근육은 약 650개로 이루어져 있는데, 각 근육은 어떤 행동을 만들 때 머리의 지시(전기적 신호)로 움직임이 일어나고, 이 움직임은 독립적으로 나타나기보다는 상호 보완적으로 작용해 스윙 동작을 만들기 때문이다.

백스윙의 시작을 잘하게 되면 전체적으로 백스윙 톱까지 올바른 백스윙이 이루어질 수 있다.

그래서 이 단계가 스윙의 성패를 좌우할 만큼 아주 중요한 단계로 이 단계가 잘되면 골프 스윙의 70%는 잘된다고 할 수 있다.

백스윙을 시작할 때는 클럽 페이스가 항상 볼을 바라보게 하면서 클럽을 후방으로 보내야 하고, 또 골반이 움직이지 않은 상태에서 백스윙의 시작 단계가 완성되는 것이 중요하다.

좋은 백스윙의 시작 단계를 위해서는 다음 6가지를 지켜야 한다.

① 올바른 셋업 자세에서 출발

② 상체의 꼬임이 시작되는 단계이므로 하체가 고정되어야 한다.

③ 클럽 페이스가 항상 볼을 바라보게 하면서, 클럽헤드가 타깃 후방 직선으로 3피트 움직이게 백스윙을 시작한다. 이때 왼손을 회전시키지 말고 후방으로 직선으로 밀어 앞서 나온 사진처럼 클럽헤드가 손보다 몸에서 먼 앞쪽에 위치하게 해야 한다.

④ 이때 양 겨드랑이를 붙여서 어깨, 팔, 손, 몸통이 하나가 되는 원 피스 액션(One piece action)이 되게 움직이는 것이 좋다.

⑤ 이렇게 하면 자연스럽게 오른발 뒤꿈치 쪽으로 체중이 미세하게 이동하는 것을 느낄 수 있다.

⑥ 그립 악력(握力 · Grip Pressure)은 어드레스 상태와 같이 부드러운 악력으로 유지하는 것이 좋다.

유의해야 할 사항으로는 다음 4가지가 있다.

① 백스윙을 시작하기 전 어드레스 상태에서 몸이 너무 경직되게 하지 말아야 한다.

② 스윙 아크를 크게 하려고 왼팔을 너무 많이 내밀어 양 겨드랑이가 몸에서 떨어

지지 말아야 한다.

③ 아래 사진처럼 왼손을 시계 방향(손등이 전방을 향하게)으로 급작스럽게 돌리는 행동을 말아야 한다.

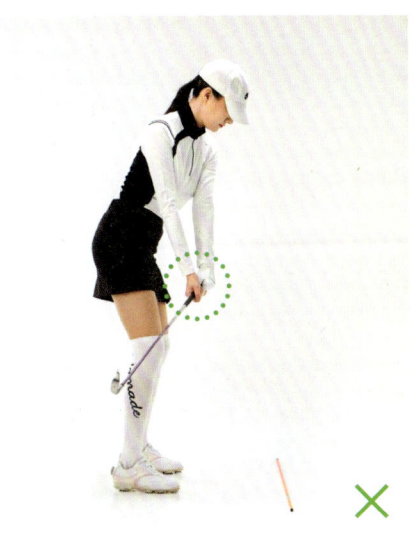

잘못된 백스윙의 시작

④ 백스윙을 빠르게 시작하는 것은 손으로 클럽을 들어 올리는 동작이 되므로 유의하여야 한다.

백스윙의 시작을 다시 한 번 요약하면, 어드레스 자세에서 힘을 빼고, 골반을 고정하고, 클럽헤드를 낮게, 그리고 직선으로 1미터를 타깃 반대 방향으로 클럽헤드를 천천히 보내면 된다.

이때 클럽 페이스는 향상 볼에 직각이 되게(볼을 바라보는 형태) 움직이게 하면 올바른 백스윙의 시작이 될 수 있다.

2. 하프웨이 백(Halfway Back)

하프웨이 백 포지션(Halfway Back Position)이란 아래 사진처럼 백스윙이 시작되고 있는 상태로 양손이 히프 높이일 때, 클럽 페이스가 약간 닫힌 상태에서 클럽 샤프트가 지면과 평행하게 된 상태를 이야기한다.

이 자세는 세계적인 선수들 간에도 약간의 차이가 있긴 하지만, 일부 골프 교습가들이 주장하는 옛날 기본(Old Fundamental)이 아닌 반드시 지켜야 할 신개념의 기본(New Fundamental)을 중심으로 설명하고자 한다.

하프웨이 백 자세

하프웨이 백의 올바른 자세는 클럽헤드가 손의 위치보다 약간 아웃사이드(몸에서 약간 더 멀리 있는 상태)로 나가 있고, 클럽 페이스가 약간 닫혀 있는 상태로 스윙 아크에 직각이 되게 유지되어야 한다.

그리고 손목의 코킹을 시작하는 단계이며, 클럽헤드가 스윙 아크상에서 몸으로부터 가장 먼 곳에 있는 상태이다.

| 많이 닫힌 자세 | 중립 자세 | 많이 열린 자세 |

반드시 지켜야 할 기본은 다음과 같다.

척추를 중심으로 백스윙이 시작되는 단계이기 때문에, 어드레스 시에 만들어진 척추의 각도와 클럽 페이스의 각도가 같도록 상체가 회전되도록 해야 한다.(위 가운데 사진)

그리고 왼팔이 몸과 멀어지면서 겨드랑이가 떨어지거나 왼 손목을 회전시켜서 클럽 헤드가 토 업(Toe Up)이 되거나, 클럽 페이스가 열려서 하늘을 보게 하지 않아야 한다. (위 우측 사진).

그 밖에 명심할 사항은 다음과 같다.

- 양팔, 그리고 양어깨가 하나가 되어 움직여야 한다.
- 체중은 서서히 오른발로 이동되어야 한다.
- 오른 무릎은 셋업 시와 마찬가지로 유연성을 유지하면서 앞을 보고 있어야 한다.
- 왼 무릎 또한 가능하면 무릎이 앞을 보도록 하여야 한다. 양 무릎이 앞을 향하게 하는 것은 상체의 꼬임이 발생했을 때 하체가 버틸 수 있게 하는 자세로, 어드레스 시부터 양 무릎을 약간 벌리는 것이 하체를 고정시키는 데 도움이 된다.

일반적인 실수와 하지 말아야 할 자세
- 힙프를 돌려서 백스윙을 만들거나, 체중이 여전히 왼 다리에 남아 있게 하는 것.
- 아래 사진처럼 상체를 돌리기 보다는 손목이나 손으로 클럽 페이스를 회전시켜 오픈하는 것

잘못된 하프웨이 백

- 지나치게 클럽헤드를 닫아서 백스윙을 하는것.
- 아래 사진처럼 스윙 아크를 무조건 크게 하려고 왼팔을 지나치게 길게 뻗으면 스윙 아크가 커지기 전에 몸의 중심이 무너지고, 상체가 좌우로 많이 움직여 올바른 스윙 아크를 만들기 어려워진다.

잘못된 하프웨이 백

- 그리고 클럽을 너무 가파르게 들어 올리면 다운스윙도 가파르게 내려오게 되어 소위 말해서 볼이 높이 뜨는 하이 플라이 샷이 되기 쉽다.

3. 3/4 백스윙(Three-Quarter Backswing Position)

3/4 백스윙이란 백스윙이 진행되는 과정에서 왼팔의 위치가 9시경에 있었을 때를 말하는 것으로, 골프스윙을 하는 과정에서 팔이 움직이는 정도에 초점을 맞추어 붙인 이름이다.

왼팔의 움직임이 어드레스 자세는 약 6시 위치에서 시작, 백스윙 톱에서 왼팔 위치는 일반적으로 10시경이 된다. 따라서 왼팔이 9시 위치까지 이동하게 되면 백스윙의 약 3/4이 이루어진 것이니 3/4 백스윙이라 할 수 있다.

3/4 백스윙(정면)   3/4 백스윙(측면)

3/4 백스윙의 바람직한 자세는 앞서 나온 사진처럼 왼팔이 자연스럽게 펴진 상태에서 거의 지면과 평행이 되고, 손목의 코킹이 거의 다 이루어진 상태로 왼팔과 클럽 샤프트는 거의 L자 형태로 90°를 이룬 상태가 되어야 한다.

이때 주요 체크 포인트는 다음과 같다.
① 클럽 샤프트는 수직선에서 약 45° 뒤로 기울어진 상태이고, 왼손과 손목은 셋업 자세와 같은 상태로 왼 손목이 거의 펴진 상태에서 왼 손등의 각도와 클럽 페이스의 각도가 일치하는 것이 좋다.
클럽 샤프트의 기울어진 각도는 아래 그림처럼 45°가 바람직하나, 45°보다 조금 적게 혹은 조금 크게 기울어져도 문제는 되지 않는다.
② 오른 팔꿈치가 지면을 향하게 해야 한다.

3/4 백스윙

③ 그립을 잡는 악력은 어드레스 시와 같이하고, 몸의 무게중심은 오른발 뒤꿈치 쪽으로 이동되면서 몸의 균형을 잘 잡는 것이 중요하다.
④ 얼굴은 약간 오른쪽으로 돌아가거나 머리는 오른쪽으로 조금 이동하여도 좋다.
⑤ 양손의 위치는 항상 가슴 중앙 앞쪽에 위치하도록 해야 한다.(백스윙에서 어깨가 회전하게 되면 항상 양손은 가슴 앞에 유지된다.)
⑥ 이 자세를 만드는 과정에서 골반을 상체보다 미리 회전시키거나, 클럽을 오른손으로 들어 올리면 척추를 중심으로 한 상체의 꼬임을 만들 수 없으므로 주의해야 한다.

4. 백스윙 톱(Backswing Completed)

백스윙 톱은 몸과 클럽이 타깃 반대 방향으로 100% 회전된 순간적 상태로, 상체는 몸의 회전(꼬임)이 완성된 상태이나, 하체는 다운스윙을 시작하기 위하여 꼬임이 풀리려하는 상호 균형이 이루어진 상태를 말한다.

백스윙 톱

백스윙 톱의 주요 포인트는 다음과 같다.

① 백스윙 톱은 자신의 신체 조건에 맞는 상체의 꼬임이 완성되고 다운스윙이 시작되기 직전의 순간으로, 이때 클럽헤드나 팔의 높이가 아니라, 상체의 꼬임이 완성되어 왼쪽 어깨가 턱밑에 놓이는 자세가 되도록 하는 것이 중요하다.

② 어깨가 90° 회전하면 히프는 45°로 회전하는 것이 표준이지만, 신체 조건에 따라 어느 정도는 많이 또는 적게 회전이 되어도 큰 문제는 없다.

단지 상체의 꼬임이 극대화할 수 있도록 히프의 회전은 어깨 회전각의 1/2을 넘지 않도록 하는 것이 바람직하다.

PGA 투어 프로이며 장타자인 브룩스 켑카의 경우, 백스윙 톱 자세에서 양발이 지면에 붙어 있고, 어깨 회전이 90° 이상 된 상태에서 히프의 회전을 어깨 회전의 1/2이 아닌 30° 정도로 억제함으로써 상체의 꼬임이 극대화되어 장타를 칠 수 있다고 한다.

③ 체중은 오른쪽 발 뒤꿈치로 이동하여야 한다. 이때 체중이 오른발 바깥으로 밀려

나가는 스웨이 동작이 되면 스윙의 균형이 무너지게 된다.

④ 왼팔을 곧게 펴기 위해서 지나치게 힘을 주어 근육을 경직시키는 것은 좋지 않고, 필요하면 왼팔 팔꿈치를 약간 구부려 팔의 유연성을 높여 클럽 스피드를 높이는 것도 좋은 방법이다.

그래서 PGA 투어 선수들의 95% 정도가 백스윙 시에 약간 왼팔을 굽힌다는 조사 통계도 있다.

⑤ 백스윙 시에 얼굴이 약간 회전하거나 머리가 우측으로 약간 이동해도 문제가 되지 않는다. PGA 프로들의 경우 백스윙 톱에서 얼굴의 턱이 우측으로 약간 회전하고(15~25°), 머리도 우측 수평으로 조금(1~4인치) 이동하는 것으로 측정되고 있다. 그러나 쇼트 게임이나, 짧은 아이언을 사용할 때는 머리가 거의 움직이지 않아야 한다.

5. 다운스윙(Move Down to The Ball)

다운스윙이란 백스윙 톱에서부터 볼을 치기 전, 즉 임팩트 전까지의 스윙 과정이다. 이것은 다운스윙의 정의라기보다는 8-스텝 스윙의 단계 구분에 의한 정의이다. 다운스윙은 대부분 백스윙의 결과로 일어나는데, 즉 백스윙이 잘되면 다운스윙은 쉽게 잘할 수 있다는 것이다.

하지만 백스윙이 잘된 상태에서, 다운스윙을 시작할 때 다음 세 가지를 잘 이해하고 연습해야 다운스윙에서 발생할 수 있는 문제점 대부분을 자연스럽게 해결할 수 있다.

첫번째로 골반(히프)이 맨 먼저 회전하기 시작하여 어깨→팔→클럽헤드 순서로 다운스윙의 순서가 이루어져야 한다.

다음 사진은 골반이 다운스윙을 리드하여, 약 30도 이상 회전해도 클럽헤드는 다운이 일어나지 않는 다운스윙 시퀀스의 표준적인 모습을 보여준다.

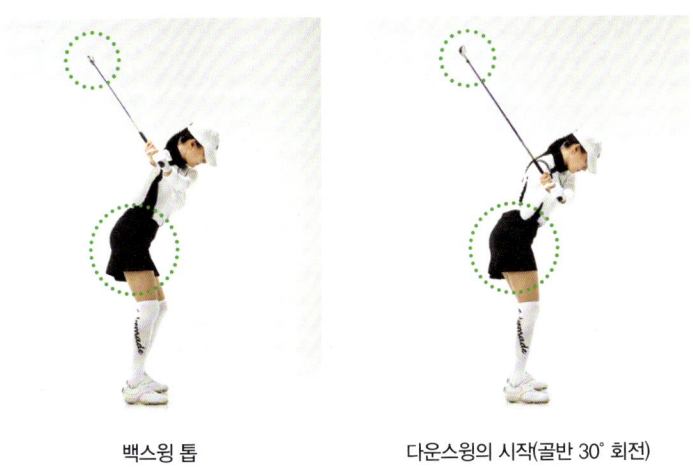

백스윙 톱   다운스윙의 시작(골반 30° 회전)

두 번째로 다운스윙은 백스윙보다 스윙 아크가 작게 되어 내려온다는 것이다. 아래 스윙에서 볼 수 있는 것처럼 다운스윙 아크는 백스윙 아크보다 작기 때문에 너무 스윙 아크를 크게 만들기 위하여 백스윙을 크게 할 필요가 없다.

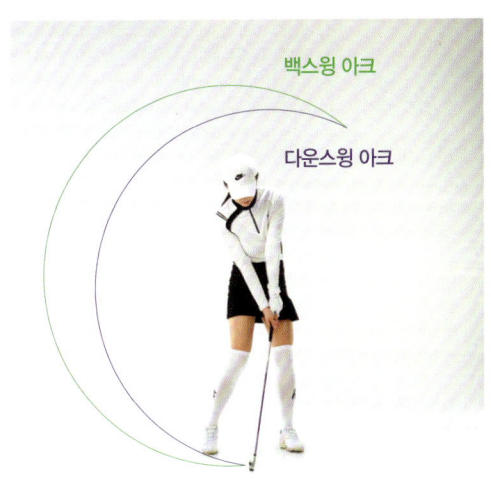

세 번째로 백스윙 톱에서 다운스윙으로 전환될 때에 클럽이나 몸이 일시적으로 멈추었다가 시작되는 것이 아니라 연속적으로 전환되어야 한다는 것이다.
이 세 가지 사항에 대해 자세히 설명하면 다음과 같다.
첫 번째로, 다운스윙 시퀀스를 지켜야 한다는 것은 상체의 회전으로 백스윙이 끝나갈 때, 이미 골반(히프)은 다운스윙을 위한 회전 준비가 되어 있어야 한다는 것이다. 만약 상체, 즉 오른쪽 어깨나 손으로 다운스윙을 시작하면 아웃 투 인(Out-to-In) 엎어치기(Over the Top)가 되고, 이렇게 되면 슬라이스가 발생하거나, 임팩트 전에 손목이 일찍 펴지는 캐스팅(Casting)이 되어 파워도 잃고, 피니시 동작까지 스윙을 부드럽게 하기가 어렵게 되는 것이다.
두 번째로, 다운스윙은 백스윙보다 스윙 아크가 작아진다는 사실에 유념하여 백스윙 시에 지나치게 스윙 아크를 크게 하려고 할 필요가 없다는 것이다.
파워를 더 내기 위하여 백스윙 시에 스윙 아크를 크게 하려고 하다 보면 몸의 중심을 잃거나, 아니면 스윙 아크를 벗어나는 잘못된 백스윙을 하기 쉽다.
어차피 다운스윙은 백스윙보다 스윙 아크가 작아지는 만큼, 백스윙 크기를 작고 콤팩트하게, 바디를 이용한 백스윙을 하는 것이 더 효과적이다.
세 번째로, 백스윙 톱에서 다운스윙으로 전환되면서 클럽이 멈추지 않고, 연속적으로 백스윙에서 다운스윙으로 전환된다는 사실을 이해해야 한다.
동작을 정지했다가 다시 시작하는 것은 자칫 근육을 경직시키거나, 다운스윙 시에 팔이나 클럽부터 내려오는 오류를 범할 수 있다. 따라서 백스윙의 완성과 동시에 멈춤 없이 연속적으로 골반이 리드하는 다운스윙으로 전환하는 것이 오히려 헤드 스피드를 높일 수 있으므로, 백스윙 톱에서 파워를 축적한다고 스윙을 멈추려 노력하지 않아도 된다.

6. 임팩트(Impact)

임팩트는 골프의 가장 중요한 요소이므로 '골프는 임팩트의 전과 후의 동작이 있을 뿐'이다.

그래서 백스윙과 다운스윙도 완벽한 임팩트에 도움이 되지 않는다면 그 백스윙이나 다운스윙이 잘못된 것이라 할 수 있다.

이러한 임팩트는 스윙 아크상에서 클럽헤드의 스피드가 살아 있는 상태에서 모든 클럽의 센터에 볼이 직각으로 타격이 되는 것이라 정의할 수 있다.

임팩트(정면)   임팩트(측면)

임팩트 때에 어떤 자세를 유지하는 것이 좋을까?

임팩트는 찰나에 이루어지는 동작이라 인위적으로 완벽한 자세를 만들기는 불가능하다.

그래서 임팩트 전과 후의 동작들이 완벽한 임팩트가 될 수 있도록 맞춰져야 한다는 것이다.

다음은 임팩트와 어드레스 자세를 비교한 사진인데, 임팩트 자세는 다운 스윙 동작의 결과로 나타난다.

어드레스 자세를 유지한 상태에서 골반(히프)을 30° 정도 타깃 방향으로 회전시키면 자동으로 아래에 열거되는 핵심 임팩트 동작들이 만들어진다.

어드레스 자세   임팩트 자세

- 머리의 높이가 어드레스 시와 비교하면 약간 낮아진다.
- 골반(히프)이 타깃 방향으로 회전되고(푸시 앤드 턴이 아님) 왼 손목이 펴진 상태에서 왼팔과 클럽은 거의 하나가 되어 일직선을 이루어야 한다.
- 체중은 왼 다리로 이동되어 왼발 위에 얹혀야 하고, 이때 오른발 뒤꿈치는 왼쪽으로 밀리면서 약 1~4인치(2.5~10㎝) 정도 들린다.

오른 손목은 펴지지 않고 굽혀져 있어야 하고, 오른쪽 팔꿈치는 약간 굽힌 상태로 오른쪽 히프에 가깝게 위치해야 한다.

7. 릴리스(Early Follow-Through)

'릴리스'란 임팩트를 하고 나서 클럽이 거의 지면과 평행을 향하도록 클럽을 풀어주는 단계 또는 클럽을 던지는 단계를 말한다. 세계 3대 골프 교습가 짐 맥린은 스윙 단계를 8개로 나누면서 이 단계를 얼리 폴로-스루(Early follow-through)라고 명명했다. 폴로 스루라는 용어는 임팩트 후에 일어나는 스윙의 모든 부분을 말할 수 있는데, 즉 피니시 동작도 일종의 폴로 스루 동작의 하나로 이해될 수 있다. 그래서 피니시 전에 일어나는 동작이라 해서 그렇게 명명한 것이다.

릴리스

릴리스는 일종의 클럽을 던지는 동작이다. 클럽을 던지고 싶지만 안 된다고 하는 골퍼들이 많은데, 왜 클럽을 던지지 못할까? 임팩트 후에 클럽을 던지지 못하는 이유는 여러 가지가 있겠지만, 가장 중요한 것은 다운스윙하면서 골반이 미리 회전하지 않기 때문이다. 즉, 다운스윙의 순서(다운스윙 시퀀스)를 지키지 못하기 때문이다.

클럽을 다소 강하게 잡는 등 다른 행동을 하더라도 이 다운스윙의 순서 즉, 골반(히프)이 먼저 회전하고, 클럽이 맨 나중에 내려오는 순서를 잘 지키면 클럽을 잘 던질 수 있다. 그리고 이렇게 되면 클럽 스피드가 빨라지면서 비거리가 늘어나게 된다. 릴리스는 임팩트를 하고 나서의 몸과 팔의 흐름이다. 릴리스를 포지션으로 생각해서는 안 되며, 성공적인 일련의 자연스러운 움직임의 결과로 생각해야 한다.

릴리스가 잘되기 위해서는

다운스윙의 시퀀스를 지켜야 하고

클럽이 올바른 방식으로 임팩트를 통과하고

밸런스와 스윙 리듬을 일정하게 하는 것이 중요하다.

좋은 릴리스를 위한 주요 체크 포인트는 다음과 같다.

① 가벼운 그립 악력을 유지해야 하고
② 스윙 시퀀스에 따라 척추를 중심으로 골반이 먼저 회전되게 해야 한다.
③ 클럽헤드가 임팩트 후에 가속이 될 수 있도록 주저 없이 스윙해야 한다.
④ 어깨와 양팔은 삼각형이 유지되어야 하고 클럽은 삼각형 중심부에 위치해야 한다.

릴리스 동작

⑤ 어깨는 앞으로 숙인 척추의 기울기 상태를 유지하면서 회전시켜야 한다.
⑥ 오른쪽 뒤꿈치는 완전히 들리고, 몸의 무게중심은 왼쪽 다리로 이동해야 한다.
⑦ 계속 티(tee)를 보고 있는 것이 아니라 머리를 들고 타깃 방향으로 눈을 돌려도 된다. 주의할 것은 상체가 타깃 방향으로 따라 나가는 슬라이드가 되면 안 된다.

8. 피니시(Finish and Rebound)

풀 스윙을 8단계로 나누어서 각 단계에서 꼭 지켜야 할 주요 포인트들을 백스윙의 시작부터 소개하였는데, 이제 그 마지막 단계인 피니시로 왔다.

피니시

피니시는 스윙의 완성을 의미한다.
그래서 스윙의 과정이 올바르게 이루어지지 않았다면 완벽한 피니시 자세를 만들기 어려운 것이다.
반대로 피니시 자세가 완벽하다면 그 스윙 과정이 완벽하다고 할 수 있고, 그래서 피니시는 목표가 아니라 과정의 결과가 되어야 한다는 것이다.
그래서 가능하면 피니시 자세를 만들기보다는 골프스윙 메커니즘이나 스윙 각 단계를 더 충실하게 이행하면 올바른 피니시 동작이 자연스럽게 만들어지는 것이다.
그럼, 피니시 자세에서 제일 중요한 요소들은 무엇일까?
그것은 몸의 균형과 피드백이다.
그립, 스탠스, 자세, 조준, 정렬 등 셋업의 기본 요소들이 잘 갖춰진 상태에서 척추를 중심으로 스윙 시퀀스대로 균형을 잃지 않고, 잘 돌리기만 하면 결과적으로 균형 잡힌 피니시 자세가 만들어지고, 훌륭한 풀 스윙을 완성할 수 있는 것이다.

피니시 자세는 스윙의 결과이다. 그래서 피니시 동작이 잘 이루어지지 않은 것은 선행 동작 즉, 풀 스윙 8-스텝 중 어떤 스텝에서 무슨 문제점이 있었는지를 최종적으로 피드백 받을 수 있는 단계이기도 하다.

피니시 자세에서 프로 선수들 간에도 약간의 차이가 있는 것은 선수들 간에 신체적 조건의 차이가 있고, 또 각자 스윙 단계에서 특성이 다소 다르므로 당연하다 할 수 있다.

샷의 목적에 따라 피니시 자세도 달라지지만, 어떤 경우든 몸의 균형은 유지하여야 한다는 것을 잊지 말아야 한다.

올바른 피니시 자세를 만들기 위해서 일반적으로 지켜야 할 중요 사항들은 어떤 것이 있을까?

① 그립의 악력은 어드레스 시와 같은 상태를 유지하는 것이 좋다.

② 왼발은 위치한 그 자리에서 밀리지 않고, 임팩트 시에 오는 몸, 팔 클럽의 회전력에서 발생하는 모든 힘을 버틸 수 있어야 한다(왼 다리가 벽이 되어야 한다).

③ 피니시 자세에서 클럽 샤프트는 어깨선과 일치시키는 것이 좋고, 헤드가 아래로 떨어지지 않도록 하는 것이 좋다.

하지만 시니어 골퍼들은 이 자세를 따라 하기는 어려우므로 클럽 스피드가 떨어지는 것을 감수하여야 한다.

④ 히프와 어깨는 회전이 완료되었고, 클럽이 머리 뒤쪽에 위치한 상태로 오른쪽 어깨가 타깃을 향하게 회전되어야 한다.

⑤ 마지막으로 모든 근육의 긴장이 풀리고 몸이 균형이 이루어진 상태에서 타깃을 향해 날아가는 볼을 5초 이상 볼 수 있어야 한다.

피니시는 스윙의 결과로 이 자세에서 완벽한 몸의 균형, 샷의 결과에 대한 피드백, 그리고 샷에 대한 최상의 느낌을 가질 수 있어야 한다.

바디스윙이 골프스윙이다

CHAPTER 3
볼 비행
(Ball Flight)

내가 친 볼이 어떻게 날아가고, 볼 비행에 영향을 미치는 요소가 무엇인지 정확하게 알면, 페이드 볼 또는 드로 볼을 자유롭게 구사할 수 있을 것이다.
볼 비행에 영향을 주는 요소는 무엇일까?
볼 비행은 임팩트 시에 클럽 페이스의 각도대로 볼이 출발하는 것을 의미한다. 클럽 페이스의 각도가 볼 비행에 주도적인 영향을 주고, 그 다음이 스윙 궤도이다. 클럽 페이스와 스윙 궤도 중 어느 것이 더 많은 영향을 주는지를 알아보자.

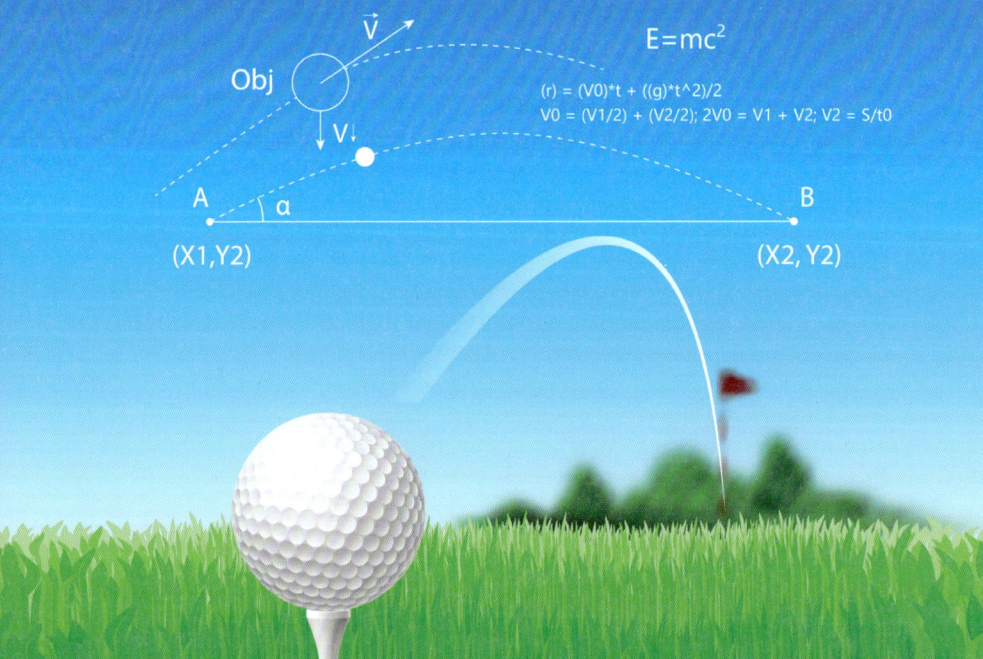

CHAPTER 3
볼 비행(Ball Flight)

볼 비행은 스윙의 결과이다

1. 볼 방향은 어떻게 결정될까?

골프볼을 원하는 방향으로 보내고 싶은 것은 모든 골퍼의 간절한 희망이자, 소망일 것이다. 이러한 소망을 달성하기 위해서 어떻게 해야 할까?

또한, 골프볼을 목표 방향으로 똑바로 친다는 것은 어떤 의미일까?

여기에 대한 해답을 많은 골프 교습가들이 '볼 비행 법칙'을 근거로 설명해 왔다.

볼 비행 법칙이라고 하면 많은 골퍼가 다음 그림을 떠올리면서 복잡하다고 머리 아파할 것이다.

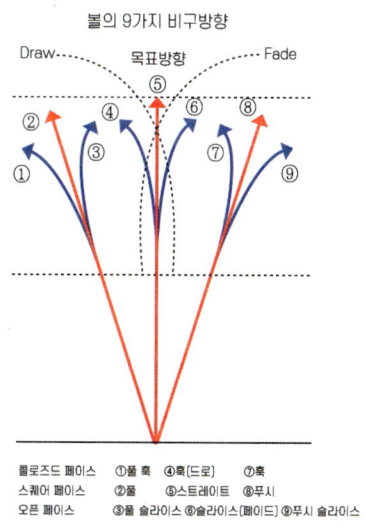

볼 비행이란 임팩트 후에 볼이 날아가는 방향을 이야기한다. '볼이 어느 방향으로 어떤 궤적을 그리면서 날아갈까? 어떤 높이로 날아갈까?'에 대한 것이다.

이 장(Chapter)에서는 볼의 수평적 궤적, 즉 어떤 방향으로 날아가는지에 대한 것을 중심으로 설명하고자 한다.

볼 비행 법칙은 그림처럼 복잡하지 않고 비교적 간단하다.

임팩트의 순간을 정밀하게 측정할 수 있는 도구인 트랙맨(Trackman)이 개발되면서 볼의 수평적인 방향에 대한 비행 법칙이 아주 간단하게 확인되었다.

앞서 나온 그림처럼 수평적인 공의 비행 방향 9가지를 기억하기보다는 목표에 대한 에이밍만 바르게 하면 정도의 차이는 있으나

① 좌측으로 휘어지는 훅볼,

② 직선으로 날아가는 볼,

③ 오른쪽으로 휘어지는 슬라이스 볼 등 3가지 볼 방향만 기억하면 된다.

볼의 수평적 방향에 크게 영향을 미치는 요소는 딱 2가지이다.

첫째는 임팩트 시 목표 방향에 대한 클럽 페이스의 각도이고, 두 번째는 스윙 패스(궤도)이다.

클럽 페이스 각도는 아래 사진에서 보는 바와 같이 정도의 차이는 있겠지만, 클럽 페이스가 열려 맞는 경우, 직각인 경우, 그리고 닫혀 맞는 경우 등 3가지이다.

그리고 스윙 패스(궤도)도 마찬가지로 정도의 차이는 있겠지만 인사이드에서 아웃사이드(In to Out)로 클럽헤드가 궤적을 그리는 경우, 인사이드에서 출발해서 임팩트 시 직각으로 되고 다시 인사이드(In to In)로 들어오는 경우, 아웃사이드에서 인사이드(Out to In)로 들어오는 스윙 궤적을 만드는 경우 등 3가지이다.

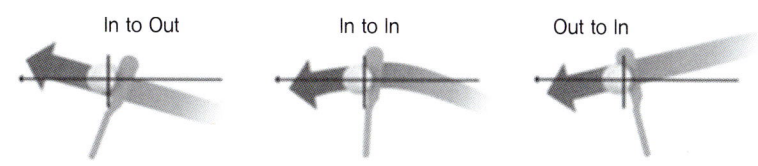

이 두 가지 요소가 얼마나 볼 비행에 영향을 미칠까?
단순하게 드라이버와 아이언 클럽으로 크게 구분하여 그 영향도를 보면, 드라이버는 클럽 페이스 각도가 볼 방향에 미치는 영향이 85%, 스윙 패스는 그 영향이 15%이고, 아이언 클럽의 경우는 클럽 페이스 각도가 미치는 영향이 75%, 스윙 패스의 영향은 25% 정도이다.
그리고 볼은 임팩트 시에 클럽 페이스의 각도에 따라 출발하고, 그 후에는 스윙 패스에 따라 방향이 바뀐다고 이해하면 된다.

> 예를 들면, 드라이버의 경우 클럽 페이스가 10° 열려 맞고, 스윙 패스가 10° 닫혀서 즉, 아웃 사이드에서 인으로 형성하면, 10°×0.85 − 10°×0.15 = 7° 결과적으로 처음에는 목표 방향에서 10° 우측으로 날아가다가 스윙 패스의 영향을 받아 최종적으로 7° 우측에 떨어진다는 것이다.

이것이 '새로운 볼 비행 법칙'이다.
하지만, 2009년 이전 '과거의 볼 비행 법칙(Old Ball Flight Law)'에 따르면 골프

볼의 비행 방향은 스윙 패스의 방향으로 시작되고, 임팩트 시에 만들어지는 클럽 페이스 방향으로 되돌아간다고 하여, 레슨에서도 클럽 페이스의 각도와 스윙 패스의 영향이 같다고 하거나, 아니면 스윙 패스가 상대적으로 더 중요하다고 강조하는 경향이 강했다.

볼이 날아가는 방향에 영향을 미치는 요소들을 쉽게 그림으로 설명하면

첫 번째로 임팩트에서 클럽 페이스와 볼이 만나는 각도가 볼의 방향에 아이언의 경우는 75% 드라이버는 85%로 영향을 미치는데,

① 클럽 페이스가 타깃 라인에 스퀘어 각도(직각)로 만나면 볼은 똑바로 날아간다.

- 흰색과 파란색: 클럽 페이스 방향
- 노란색 막대: 타깃 방향

In to In

② 볼이 타깃 라인에 열려서 맞으면 아이언 클럽인 경우, 열린 각도의 75%만큼 우측(푸시 형)으로 볼이 날아간다.

In to Out

클럽이 타깃 방향에서 클럽 페이스가 약 10° 열려서 맞는다면 실제 볼이 날아가는 방향은 타깃 방향에서 10°×0.75(75%) = 7.5° 우측이 된다.

③ 볼이 타깃 라인에 닫혀서 맞으면 닫힌 각도의 75%만큼 좌측(풀형)으로 볼이 날아간다.

Out to In

예를 들어 클럽이 타깃 방향에서 약 10° 닫혀서 맞는다면 실제 볼이 날아가는 방향은 타깃 방향에서 10°×0.75 좌측이 된다.

두 번째로 스윙 궤도가 볼이 날아가는 방향에 아이언의 경우 25%, 드라이버는 15% 영향을 미치는데, 스윙 궤도는 클럽 페이스와 비교하면 볼의 날아가는 방향에 직접적인 영향은 적지만, 실제로는 스윙 궤도에 의해서 클럽 페이스의 각도가 결정되는 경우가 많으므로 골프 레슨에서 스윙 궤도를 중요시하지 않을 수 없다.
다음과 같이 아이언 클럽의 경우,
1) 스윙 궤도가 직각(In Square In)인 경우는 일반적으로 임팩트 시에 스윙궤도가 타깃에 대하여 직각으로 궤도가 일치하기 때문에 볼이 날아가는 방향은 타깃 방향이 된다.

In to In

2) 인 투 아웃 스윙 궤도(In to Out Swing Path)인 경우, 일반적으로 볼은 스윙 궤도가 만드는 각도의 25% 우측으로 날아간다.

In to Out

스윙 궤도가 인 투 아웃으로 약 $10°$ 열려서 임팩트가 이루어진다면 실제 볼이 날아가는 방향은 타깃 방향에서 $10° \times 0.25(25\%) = 2.5°$ 우측이 된다.

3) 아웃 투 인 스윙 궤도(Out to In Swing Path)의 경우, 일반적으로 골프공은 스윙 궤도가 만드는 각도의 25% 좌측으로 날아간다.

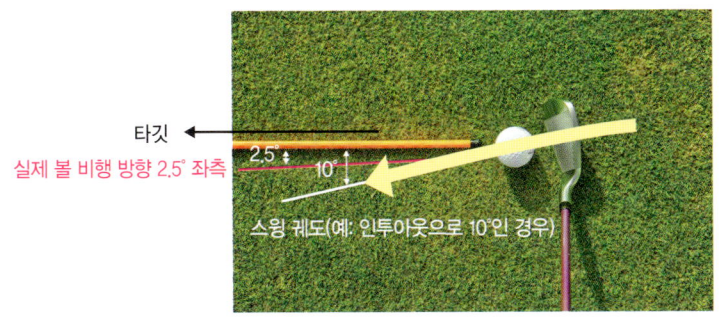
Out to In

> 스윙 궤도가 타깃 방향에서 아웃 투 인으로 약 10° 닫혀서 이루어진다면, 실제 볼이 날아가는 방향은 타깃 방향에서 $10° \times 0.25(25\%) = 2.5°$ 좌측이 된다.

그리고 볼이 좌, 우측으로 휘어지는 현상, 즉, 훅과 슬라이스의 발생은 클럽 페이스의 각도와 스윙 궤도(패스)의 각도가 일치하지 않을 때 생기는 **사이드 스핀**의 양에 의해서 결정되는 것이다.

2. 슬라이스의 원인은 무엇일까?

골프스윙은 우리 몸의 많은 근육이 움직여서 만들어내는 결과물이다.

이 때문에 골프볼을 항상 일정한 방향으로 보내기 위해서는 볼 비행 법칙에 대한 정확한 이해를 바탕으로 많은 연습이 요구되는데, 이제 아마추어 골퍼들의 가장 큰 고민 중의 하나인 슬라이스(Slice) 볼에 대해 알아보자.

'슬라이스'는 볼이 비행 중에 왼쪽에서 오른쪽으로(오른손잡이 골퍼의 경우) 심하게 휘어서 날아가는 구질을 말한다.

슬라이스와 페이드(Fade)의 차이점은 오른쪽으로 휘는 특성은 같지만, 슬라이스가 페이드 샷보다 오른쪽으로 더 심하게 휘어지는 볼 비행의 특성을 가졌다고 생각하면 된다.

  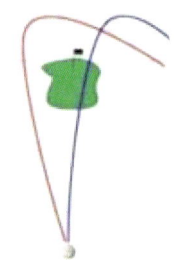

슬라이스 구질

그래서 슬라이스는 종종 '바나나 볼'이라고도 하는데, 슬라이스는 '볼 비행 법칙'에 따라 아래 그림처럼 스윙 궤도보다 클럽 페이스가 열려서 맞을 때 사이드 스핀(옆회전)이 발생하고, 그에 따라 볼이 우측으로 휘어지는 것을 말한다.

클럽 페이스가 스윙 궤도보다 열린 경우

이러한 슬라이스를 왜 유독 아마추어 골퍼들이 많이 내게 될까?
그것은 모든 성인이 손을 사용하는 데 익숙해져 있고, 상체가 발달했으므로 다운스윙을 할 때 손이나 상체를 이용해 엎어 치는, 아웃 투 인 궤도 스윙을 많이 하기 때문이다.

다운스윙은 골반의 회전으로 시작되어야 하는데, 팔 힘을 이용하는 데 익숙해져 있는 성인이 되어 골프를 배우게 되면, 다운스윙 시에 팔 힘을 이용하여 파워 스윙을 하려고, 골반(히프) 회전보다 먼저 팔(클럽)을 휘두르다가 아웃 투 인 궤도 스윙이 되어 슬라이스가 나게 된다.

슬라이스가 발생하게 되는 자세를 스윙 단계별로 정리해 보면 다음과 같다.

1) **위크(약한) 그립**은 임팩트 시에 손목 사용(회전)을 잘하지 못하기 때문에 스윙 패스보다 클럽 페이스가 열려서 맞으면서 슬라이스를 만들 수 있다. 약한 그립이란 아래 첫 번째 사진처럼 왼손의 너클(knuckle: 주먹을 쥐었을 때 손등에서 불룩하게 솟는 부분)이 위에서 내려다보았을 때, 1개 정도 보이고, 왼손 엄지와 검지의 V자 홈이 골퍼의 오른쪽 어깨 안쪽을 향하고 있는 경우를 말한다.

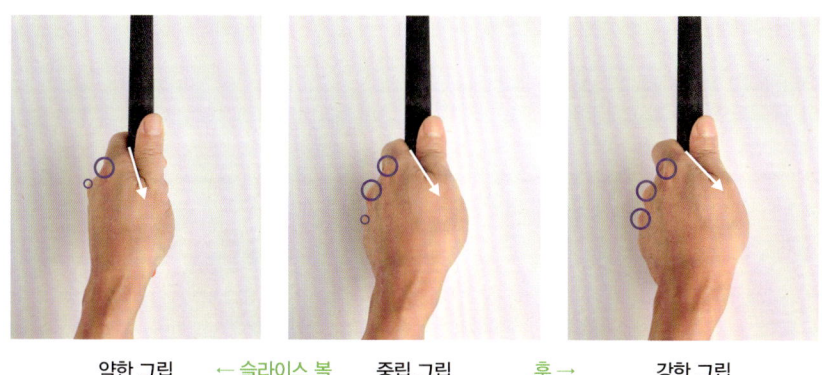

약한 그립　　←슬라이스 볼　　중립 그립　　훅→　　강한 그립

2) 셋업 자세가 잘못되었을 때 슬라이스가 발생한다.

다음 오른쪽 사진처럼 어드레스 자세를 만들 때, 어깨가 타깃 방향으로 열리거나 왼쪽 발끝이 타깃 방향으로 많이 열리면 골반도 열리게 되어 스윙 패스가 아웃-투-인으로 되면서 슬라이스가 나기 쉽다.

올바른 어드레스 / 열린 어드레스

3) 다운스윙 시에 엎어치기(오버 더 톱) 즉, 손이나 팔로 다운스윙을 시작하여 볼을 향해 달려드는 형태가 되면 아웃 투 인 스윙 궤도가 이루어지고 이로 인해 임팩트 시에 클럽 페이스가 열려서 맞으면서 슬라이스가 발생하기 쉽다.

정상적인 스윙 / 엎어치기(Over the Top)

4) 백스윙 톱에서 오른쪽 팔꿈치가 많이 열리고, 클럽헤드가 머리 쪽을 향하면 슬라이스가 발생하기 쉽다.

3. 슬라이스 방지 비책

슬라이스는 아래 그림처럼 스윙 궤도보다 클럽 페이스가 열려서 맞으면서 그에 따라 볼이 우측으로 휘어지는 것을 말한다.

클럽 페이스 열림

슬라이스 구질

엎어치기/오버 더 톱

결과적으로 스윙 궤도가 아웃에서 인으로 엎어치기를 하거나, 임팩트 시에 클럽 페이스가 열려서 맞는다면 슬라이스가 발생한다는 것이다.

성인이 되면 자연스럽게 팔과 어깨의 힘이 발달하기 때문에, 골반(히프)을 회전해서 다운스윙을 시작하지 아니하고, 힘 좋은 팔과 어깨를 이용하여 클럽을 가장 먼저 휘두르는데, 이렇게 다운스윙 순서가 바뀌어서 클럽헤드가 가장 먼저 내려오는 아웃인(오버 더 톱) 스윙 궤도가 되면 반드시 슬라이스가 발생하게 된다.

슬라이스를 방지하기 위해서는 먼저 스윙 시퀀스, 즉 스윙의 연속적인 동작의 순서를 잘 이해하고, 몸에 익히면 슬라이스의 공포로부터 상당 부분 해방될 수 있다. 그럼에도 슬라이스가 난다면, 다음 요소들을 체크해서 슬라이스의 주원인이 무엇인지를 먼저 파악하고 거기에 맞는 연습 방법을 찾아야 한다.

1) 클럽을 선택할 때에

 ① 스윙 스피드에 비해서 강한 샤프트를 선택하면 슬라이스가 나기 쉽다.

  ▲일반적인 스윙 스피드에 따른 샤프트 선택 기준

   ▷110mph, 270야드 이상 – X 플렉스(Extra stiff)

   ▷95~110mph, 240~270야드 이상 – S 플렉스(Stiff Flex)

   ▷85~95mph, 200~240야드 이상 – R 플렉스(Stiff Flex)

   ▷75~85mph, 180~200야드 이상 – A 또는 M 플렉스(시니어)

   ▷75mph, 180야드 미만 – L 플렉스(Ladies).

자신의 스윙 스피드에 맞는 샤프트 강도인지를 체크해 본다.

 ② 로프트가 작은 클럽은 슬라이스가 나기 쉽다.

가장 보편적인 드라이버 로프트 각도는 10.5도 정도이다. 물론 PGA 투어 프로들은 스윙 스피드가 빠르기 때문에 일반적으로 드라이버의 로프트 각도가 8~10.5도로 낮은 편이지만, 초보 플레이어 또는 하이 핸디캐퍼의 경우, 드라이버 로프트 각도는 공을 공중에 띄우기가 쉬운 12~12.5도로 시작해도 좋다. 왜냐하면, 클럽 스피드가 낮은 초보 골퍼가 로프트 각도가 낮은 8~9도 클럽을 사용하면 슬라이스가 나기 쉽기 때문이다.

따라서, 드라이버 로프트 각도가 자신의 볼 플라이트에 적합한지를 체크해 보길 바란다.

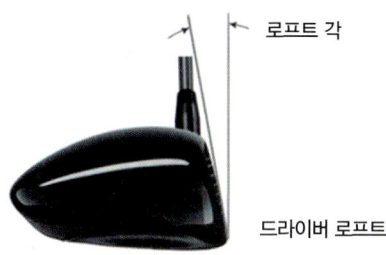

2) 위크 그립은 슬라이스가 나기 쉬우므로 슬라이스가 나는 골퍼들은 자신의 그립을 체크해 보고, 왼손을 시계 방향으로 약간 틀어서 잡는 스트롱 그립을 활용하면 슬라이스를 방지하는 데 도움이 된다.

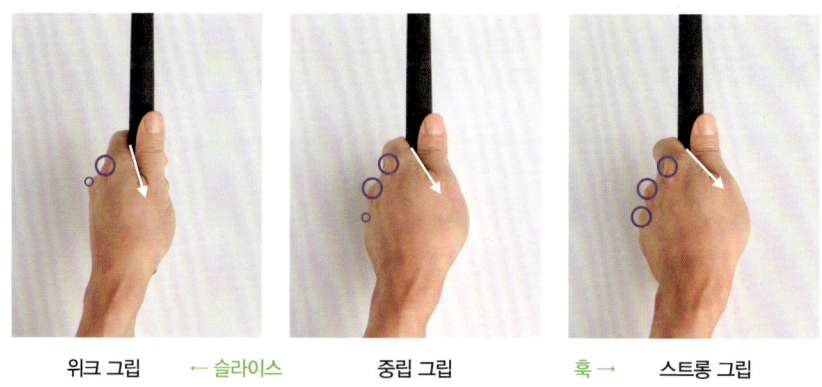

3) 셋업 자세에서 다음 사진처럼 어깨선이나 스탠스가 타깃 왼쪽으로 향하는 열린

자세가 되면 슬라이스가 발생하기 때문에, 가능한 한 어드레스 자세를 바르게 하거나 왼쪽 어깨가 타깃의 오른쪽으로 향하는 닫힌 자세(슬라이스 나는 방향)를 취해야 한다.

닫힌 자세 (훅 볼)　　　바른 자세　　　열린 자세 (슬라이스 볼)

4) 백스윙의 시작 단계에서 아래 사진처럼 클럽 페이스가 항상 볼을 바라보도록 클럽 페이스가 약간 닫힌 상태로 백스윙을 하면 슬라이스를 방지할 수 있다.

클럽 페이스 닫힘　　　클럽 페이스 열림

5) 다운스윙 시에 맨 먼저 히프(골반) 회전이 되고, 몸통, 팔, 그리고 클럽의 순으로 스윙이 시작되는 다운스윙 시퀀스를 지키면 슬라이스를 방지할 수 있다.
그러나 아마추어 골퍼들이 가장 많이 하는 상체나 팔이 먼저 내려오는 엎어치기 스윙이 슬라이스의 주범이므로 특히 주의하여야 한다.

바른 스윙   엎어치기 스윙 (슬라이스)

6) 다음 페이지의 왼쪽 사진처럼 백스윙 톱에서 오른쪽 팔꿈치가 많이 열리고, 클럽헤드가 머리 쪽을 향하면 슬라이스가 발생하기 쉽다. 오른쪽 사진처럼 백스윙 시에 오른쪽 팔꿈치가 바닥을 향하게 하고, 클럽을 머리 쪽으로 높이 들기보다, 어깨 쪽으로 내려오도록 하고, 백스윙을 작고, 콤팩트하게 하는 것이 슬라이스 방지에 도움이 된다.
위에서 열거한 요소들 외에도 골퍼의 스윙 특성에서 오는 복합적인 요인으로 발생하는 슬라이스의 형태는 다양하지만, 대부분 슬라이스는 위 5), 6)번이 원인인 경우가 많다.
클럽을 약간 닫아서 클럽 페이스가 항상 볼을 바라보도록 백스윙을 시작하고, 다운스윙 시에 스윙 시퀀스(스윙의 연속 동작 순서, 히프-몸통-팔-클럽 순서)를 지키면 상당 부분의 슬라이스는 방지할 수 있다.

오른쪽 팔꿈치 들림   오른쪽 팔꿈치 땅으로 향함

4. 필드에서 슬라이스 방지책

아마추어 골퍼들을 가장 많이 괴롭히는 샷 중의 하나인 슬라이스성 구질을 가진 골퍼들은 필드에서 어떻게 하는 것이 좋을까?

투어 프로골퍼의 경우는 버디를 많이 하는 사람이 우승하지만, 아마추어 골퍼의 경우는 실수를 적게 하는 사람이 이기는 게임이라는데 말이다.

그렇다고 하루 아침에 슬라이스를 극복하기가 어려운 만큼, 자신의 슬라이스 구질을 알고 필드에서 실수를 줄이는 방법을 알아보자.

첫 번째로 티잉 박스의 오른쪽을 이용하는 것이 유리하다.

슬라이스가 나는 골퍼는 티박스의 오른쪽에서 페어웨이 중앙이나 중앙 왼편을 겨냥하고 샷을 하는 것이 슬라이스가 나도 실수를 줄일 수 있는 좋은 방법이다.

두 번째는 어드레스 자세에서 클럽 페이스를 약간 닫는 것이 슬라이스를 줄일 수 있는 좋은 방법이다.

슬라이스는 일반적으로 자신의 스윙 궤도보다 클럽 페이스가 열려서 맞으면서 발생하는데, 어드레스를 할 때 미리 클럽 페이스를 약간 닫아서 준비하고 스윙을 하면 슬라이스를 방지할 수 있다.

닫힘 (훅 볼)

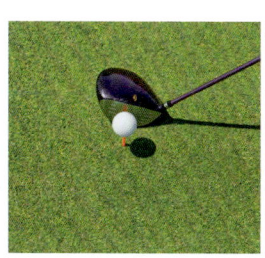

스퀘어

열림 (슬라이스 볼)

그 이유는 일반적으로 아마추어 골퍼의 경우는 다운스윙 시에 상체가 약간 일어서면서 엉덩이가 볼과 가까워지는 얼리 익스텐션(Early Extension)이 생기는데, 이 얼리 익스텐션이 생기면 클럽 페이스가 약간 열린다. 어드레스 자세에서 클럽 페이스가 약간 닫히는 부분과 얼리 익스텐션으로 스윙 시에 클럽 페이스가 열리는 부분이 서로 상쇄되어 결과적으로 견고한 임팩트를 하게 되는 것이다.

얼리 익스텐션

세 번째로 어드레스 자세에서 왼발을 약간 앞으로 나가게 한다.

일반적으로 슬라이스가 나는 골퍼들은 에이밍을 할 때 다음 오른쪽 사진처럼 슬라이스를 고려해 볼을 왼쪽으로 보내기 위해서 몸을 왼쪽으로 향하게 하는, 즉 바디 에이밍을 왼쪽으로 하고, 클럽을 왼쪽으로 당겨치는 경우가 많은데, 이렇게 하면 오히려 아웃-투-인(Out-to-In) 궤도가 되어 클럽 페이스가 더 많이 열려 맞으면서 슬라이스가 더 심하게 나는 경우가 많다.

슬라이스 방지 스탠스　　　　　　　슬라이스 스탠스

따라서 슬라이스가 나는 골퍼들은 자신의 스탠스 자세에서 볼 하나만큼 왼발을 앞으로 내밀어 슬라이스가 나는 방향으로 약간 돌아서서, 클럽을 슬라이스 방향으로 던지는 인 투 아웃(In to Out) 스윙 궤도를 만들면 오히려 임팩트 시에 클럽 페이스가 닫혀 맞기 때문에 슬라이스를 방지할 수 있다.

5. 훅이 발생하는 이유

골퍼들에게는 슬라이스도 고민이지만 악성 훅도 여간 고민거리가 아니다. 물론 매번 볼을 똑바로 칠 수 있으면 좋겠지만 프로들에게도 그런 일이 일어나지 않는다. 왜냐하면, 볼을 똑바로 치려면 클럽 페이스에 매번 공에 직각으로 임팩트 되어야 하는데, 클럽 페이스에 직각으로 볼을 치지 못하면, 볼에 사이드 스핀이 발생하여 슬라이스 또는 훅이 발생하기 때문이다.

볼 비행 법칙을 통해 볼이 날아가는 방향에 영향을 미치는 요소들도 알고, 슬라이스에 관한 내용도 충분히 이해했다면, '훅'은 슬라이스의 반대라고 생각하면 될 것이다.

필드에서 홀을 공략하다 보면 볼을 똑바로 보내는 것도 중요하지만, 코스의 각종 장애물을 피해서 홀을 공략하기 위해서 의도적으로 슬라이스나 훅성 볼을 보내야 하는 경우도 있다.

슬라이스나 훅의 발생 원인을 잘 이해하고 연습을 꾸준히 하면, 슬라이스나 훅을 쉽게 고칠 수 있을 뿐만 아니라, 프로선수들처럼 슬라이스나 훅을 이용해 전략적으로 홀을 공략할 수 있어 한층 높은 수준의 골프를 구사할 수 있다.

훅 샷은 골프볼의 비행이 왼쪽으로 크게 휘는 샷을 말하는 데(오른손잡이 골퍼 기준) 다음 그림처럼 클럽이 골프공에 임팩트 되는 순간 스윙 궤도보다 클럽 페이스가 더 닫힌 상태가 되면 훅이 발생한다.

이는 골프공이 오른쪽에서 왼쪽으로 사이드 스핀 '훅 스핀'을 주어 비행 중에 왼쪽으로 휘게 되는 것이다.

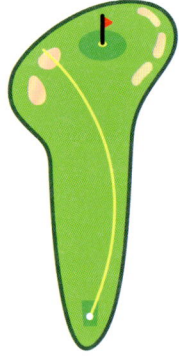

훅 구질

드로와 훅의 차이는 오른손잡이 골퍼의 경우, 드로는 볼이 왼쪽으로 약간 휘어지는 볼을 말하고, 훅은 왼쪽으로 급격하게 휘어지는 볼을 말한다.

결과적으로 스윙 궤도와 클럽 페이스의 상관관계에 따라 볼이 왼쪽으로 휘는 정도의 차이로 인해 훅이나 드로가 발생하는데, 그 형태는 다음 그림처럼 크게 3가지로 나타난다.

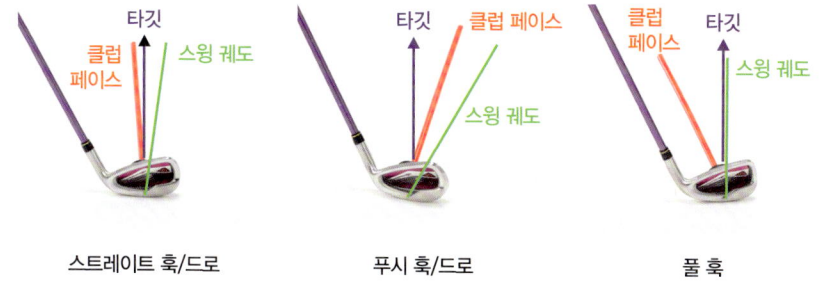

| 스트레이트 훅/드로 | 푸시 훅/드로 | 풀 훅 |

> 스트레이트 훅/드로: 볼이 타깃 방향으로 직선으로 출발하다 왼쪽으로 휘어지는 볼 비행.
> 푸시 훅/드로: 볼이 타깃 오른쪽으로 출발하다 왼쪽으로 휘어지는 볼 비행.
> 풀 훅: 볼이 타깃 왼쪽으로 출발하다 왼쪽으로 휘어지는 볼 비행.

앞서 나온 그림의 특성을 자세히 보면 3가지 경우 모두가 클럽 페이스가 스윙 궤도보다 더 닫힌 상태에서 임팩트가 이루어진다는 것이다.
왜 임팩트 시에 클럽이 닫히게 될까?
그것은 스윙 각 단계에서 그 문제점을 찾을 수 있고, 그것이 훅 발생 원인이라 할 수 있다.
세부적으로 각 단계에서 훅을 발생시키는 요소들을 알아보면 다음과 같다.
① 어드레스 자세에서 클럽 페이스를 닫아서 시작하면, 아무리 정확한 스윙 궤도를 만들더라도 클럽 페이스가 닫혀 맞으면서 훅이 발생하게 된다.

클럽 페이스 닫힘

② 스트롱 그립은 스윙 중에 손목을 사용하거나, 왼쪽으로 돌리기 쉬운 그립으로 임팩트 시에 손목을 돌려 클럽 페이스를 닫기 때문에 훅이 발생한다.

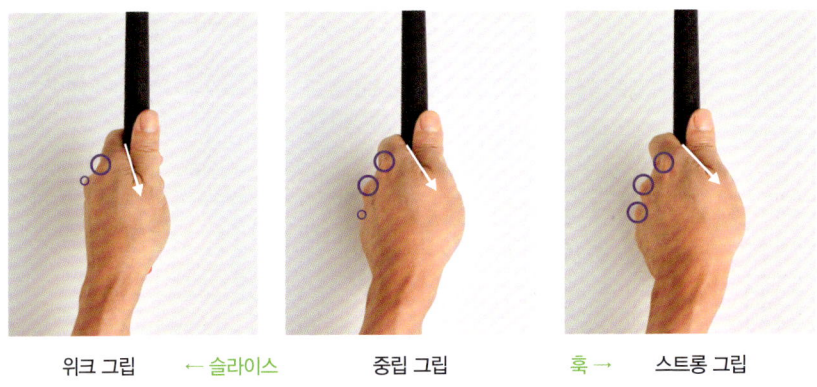

위크 그립　　← 슬라이스　　중립 그립　　훅 →　　스트롱 그립

> 위크 그립 – 본인이 그립을 잡은 손을 내려봤을 때 양손의 엄지와 검지가 만든 V자 홈이 오른쪽 어깨 안쪽을 가리키고 왼손 너클이 하나 정도 보이는 그립.
> 중립 그립 – 본인이 그립을 잡은 손을 내려봤을 때 양손의 엄지와 검지가

> 만든 V자 홈이 오른쪽 어깨를 가리키고 왼손 너클이 두 개 정도 보이는 그립.
> 스트롱 그립 – 본인이 그립을 잡은 손을 내려봤을 때 양손의 엄지와 검지가 만든 V자 홈이 오른쪽 어깨 바깥쪽을 가리키고 왼손 너클이 세 개 정도 보이는 그립.

③ 다음 사진처럼 어드레스 시에 오른쪽 어깨를 너무 낮게 유지하거나, 체중을 오른발 뒤꿈치에 많이 두면 전반적으로 인에서 시작해서 인사이드로 스윙 궤도가 이루어지면서 클럽 페이스가 스윙 궤도보다 많이 닫혀 맞으면서 훅이 발생하게 된다.

오른쪽 어깨가 낮은 어드레스 자세

④ 테이크 어웨이를 할 때 너무 인사이드로 백스윙을 시작하면, 백스윙 시에는 클럽 페이스가 열리지만, 다운스윙 하면서 보상 동작으로 손목을 빨리 돌려 클럽헤드 스피드를 높이려 하는 과정에서 클럽 페이스가 닫혀서 임팩트가 이루어지면서 훅이 발생한다.

훅은 드로의 더 심각한 버전이며 훅은 슬라이스의 반대이다.

따라서 훅과 슬라이스의 발생 원인을 비교하면서 자신의 문제점을 파악해 보는 것도 좋은 방법이 될 수 있다.

인사이드 테이크 어웨이

6. 악성 훅을 잡는 비법

훅 구질은 클럽헤드가 골프볼에 임팩트되는 순간 스윙 궤도보다 클럽 페이스가 더 닫힌 상태가 되면 필연적으로 발생하는 볼 비행 궤적 형태이다.

클로즈드 (훅 볼)　　　← 훅　　　스퀘어　　　슬라이스 →　　　오픈 (슬라이스 볼)

따라서 훅 볼을 방지하는 방법은 이론적으로는 의외로 간단한데, 임팩트 시에 스윙 궤도보다 클럽 페이스가 닫히지 않는다면, 어떤 경우든 훅이란 구질의 볼은 발생하지 않는다는 사실이다.

그렇다면 어떻게 하면 임팩트 시에 클럽 페이스가 스윙 패스보다 더 닫혀서 맞지 않을까?

① 어드레스를 할 때 클럽 페이스가 닫히지 않게 놓인 상태에서 그립을 잡아야 한다. 어드레스를 하고, 그립을 잡은 상태에서 클럽을 볼 뒤에 놓고 클럽 페이스를 인위적으로 돌려 클럽 페이스를 스퀘어로 조정하는 것은 소용이 없다.

그렇게 하면 스윙 시에 어드레스 자세에서 그립을 잡은 상태대로 임팩트가 이루어지기 때문이다.

약한 그립(슬라이스)　　　　중립 그립　　　　강한 그립(훅)

② 평소에 사용하는 그립에서 더 약한 그립으로 바꾸면 훅을 방지할 수 있다. 스트롱 그립은 임팩트 시에 손목을 돌려 클럽 페이스가 쉽게 닫혀 훅이 발생할 수 있으므로 약한 그립 쪽으로 변경하는 것이 좋다.

③ 어드레스 자세에서 왼발 발끝을 타깃 방향으로 더 열거나, 왼발을 약간 뒤로 하는 오픈 스탠스를 취하면 훅을 방지할 수 있다.

스탠스가 약간 열린 상태에서 체중이 발 앞부분에 위치하도록 하면 약간 아웃 투 인 스윙 궤도로 자연스럽게 바뀌면서 훅 구질이 발생하지 않는다.

오픈 스탠스

④ 테이크 어웨이를 시작할 때 약 1미터를 직선이나, 아니면 약간 아웃사이드로 백스윙을 시작하면 훅 구질을 방지할 수 있다.
⑤ 릴리스 단계에서 손목을 훅 방향으로 빨리 회전시키지 마라. 이 단계에서 몸의 회전보다 과도하게 손목을 빨리 회전시키면, 클럽 페이스가 닫혀 맞으면서 훅이 발생하기 쉽다.

훅성 릴리스

훅과 슬라이스는 서로 반대 개념이다.
따라서 훅을 방지하기 위해서는 슬라이스가 나는 원인을 알고, 슬라이스를 방지하기 위해서 훅 발생 원인을 알게 되면, 자신의 문제점을 쉽게 고칠 수 있을 뿐만 아니라 전략적인 홀 공략 방법도 자연스럽게 터득하게 될 것이다.
볼 플라이트 즉, 볼의 비행 방향의 결정은 임팩트 시에 공과 클럽 페이스가 만나는 각도에 의해서 좌우된다고 기억해도 좋다.

바디스윙이 골프스윙이다

CHAPTER 4
그립

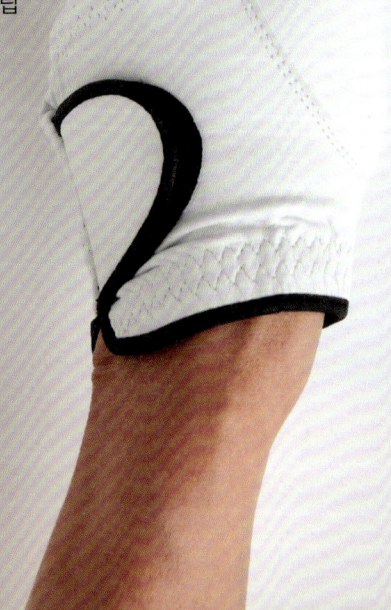

골프 그립은 몸과 클럽을 연결해 주는 유일한 연결점이며, 골프의 시작점으로 매우 중요하다.
그립은 몸의 움직임에 따라 손이 움직일 수 있도록 가장 자연스러운 자세로 잡아야 한다.
그리고 왼손은 클럽을 컨트롤하여 볼이 날아가는 방향을 결정하는 역할을 하고, 오른손은 몸에서 생성되는 파워를 클럽에 전달하거나 클럽을 가속하게 하는 역할을 하도록 그립을 잡아야 한다.

CHAPTER 4 그립

그립은 몸과 클럽을 연결해 주는
유일한 연결점이다.

1. 골프 그립과 그립 사이즈

골프는 클럽 앤드 볼 스포츠(club-and-ball sport)로 클럽으로 공을 쳐서 자신이 원하는 지점에 공을 보내는 것을 목표로 하는 운동이기 때문에 그립은 몸과 클럽이 하나가 되게 해주는 유일한 연결점이다.

이러한 그립은 스윙의 일관성(consistency), 클럽의 컨트롤(better ball striking), 에너지의 전달(distance) 그리고 손맛(greater feel)을 느낄 수 있게 잡는 것이 핵심이다.

또한, 그립은 스윙 궤도나 공이 날아가는 방향에 직접적인 영향을 미치기 때문에 그 중요성을 아무리 강조해도 지나치지 않다.

그러나 그립은 어린이와 어른, 여자와 남자 그리고 사람의 신체 조건에 따른 차이가 있고, 골프에 최적화된 PGA 프로 선수들 간에도 약간씩 차이가 있다.

그래서 그립에 대한 기본 원칙은 없다지만 자신의 그립이 다음에서 이야기하는 표준적인 그립과 어떤 차이가 있는지, 그 차이가 자신의 스윙 궤도나 볼이 날아가는 방향에 어떻게 영향을 미치는지를 알고 그립을 잡는 것이 매우 중요하다.

모든 프로선수들이 그립의 중요성에 동의하면서, 공통적으로 다음 요소들을 강조한다.

자기 자신에게 맞는 그립 사이즈를 찾아라.
그립을 가볍고 부드럽게 잡아야 한다. 그리고 파워 스윙과 쇼트 게임 스윙의 그립은 서로 다르다.

● 자신의 손에 맞는 그립 사이즈 판단

그립의 사이즈는 적정한 그립 악력(Grip Pressure)과 임팩트 시 클럽 릴리스(Club Realese)에 영향을 미치는 만큼 자신에게 맞는 적정한 그립 사이즈를 선택하는 것이 중요하다.
적정한 사이즈(굵기)의 그립이란 어떤 것일까?
일반적으로 그립을 잡았을 때 왼손 약지와 중지가 사진처럼 손바닥의 도톰한 부위와 가볍게 닿는 것이 자신에게 맞는 그립의 사이즈라 할 수 있다.

얇은 그립   최적 그립   굵은 그립

만약 자신의 손에 비해 그립의 사이즈가 작을 경우는, 클럽을 잡았을 때 그립의 감이 다소 떨어지고 전완(팔 아래) 근육을 긴장시켜 팔이 중심이 된 스윙(Arm Swing)을 많이 하거나, 지나치게 손목을 많이 쓰게 되어 훅성 구질의 볼이 많이 생기므로

좋지 않다.

반면에 그립의 사이즈가 클 때(굵은 그립)는 클럽을 잡았을 때 그립의 감은 좋아지지만 전완(팔 아래) 근육이 이완되어 손목의 움직임을 억제하기 때문에 임팩트 시에 손목을 릴리스(Wrist Action) 하는 동작을 힘들게 하여 상대적으로 슬라이스 볼을 자주 생기게 하고, 파워 스윙을 어렵게 하므로 좋지 않다.

그러나 퍼팅의 경우는, 손목의 움직임을 최소로 하여야 하는 만큼 그립이 굵은 것이 상대적으로 유리하다.

그래서 많은 골퍼들 사이에서 굵은 퍼터 그립으로 바꾸는 것이 한때 유행하기도 하였다.

이러한 장단점을 고려할 때 자신의 손에 맞는 최적 그립 사이즈를 선택하고 확인하는 것이 중요하다. 그래서 이것이 골프 그립의 시작이라 할 수 있다.

2. 왼손 그립 잡기

그립의 사이즈가 자신에게 맞는지를 확인한 후에는 이제 본격적으로 골프 클럽을 잡아야 하는데 어떤 순서로 잡는 것이 좋을까?

우선 왼손으로 클럽을 잡고 나서, 왼손과 오른손이 일체가 되게 잡는 것이 바람직하다.

골프 스윙에서 왼손은 클럽을 컨트롤하는 아주 중요한 손이므로 정확하고, 견고하게(강한 Pressure가 아님) 잡는 것이 중요하다.

왼손으로 클럽을 잡는 방법은 왼손 손바닥의 어떤 부분으로 클럽을 잡을 것인가의 문제로, 다음 페이지의 사진처럼 손바닥의 어떤 위치에 클럽 그립을 놓고 클럽을 잡느냐에 따라, 손가락 그립(Finger Grip), 손바닥과 손가락(Palm and Finger) 그립, 손바닥(Palm) 그립 등, 크게 3가지로 분류할 수 있다.

손가락 그립(Finger Grip)은 손목을 자유롭게 움직여 임팩트 시에 클럽헤드의 스피드를 최대로 하기에 가장 좋은 그립이다. 따라서 현재 프로선수들 대부분이 파워 스윙을 할 때는 손가락 그립으로 경기를 하는 것이 일반적이다.

반면에 손바닥 그립은 손목을 쓰기 어려우므로 쇼트 게임에 많이 쓰는 그립 방법이다.

클럽의 끝부분을 왼 손바닥 어디에 위치시키느냐에 따라 다음과 같이 분류된다.

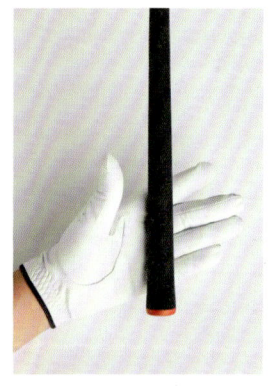
손가락 그립

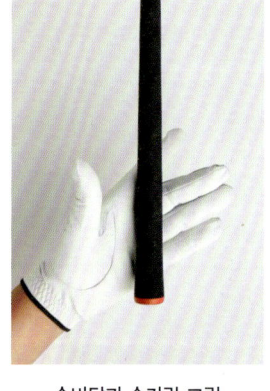
손바닥과 손가락 그립

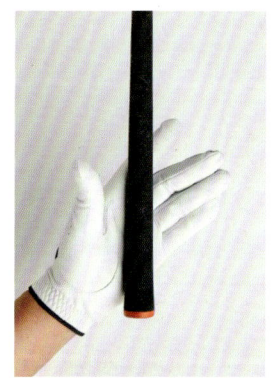
손바닥 그립

① 손가락 그립(Finger Grip)은 사진에서처럼 클럽의 그립 부분이 왼손 검지의 끝 마디에서 시작해서 새끼손가락 바로 아래(뿌리 부분)에 직선으로 놓이도록 하는 손가락으로 잡는 그립 방법을 말한다. 이 방법은 골프스윙 중 손가락이나 손목의 사용이 쉬우므로 타깃에 대한 공의 정확성보다는 손의 감각을 높일 수 있고, 또한 손목을 이용하여 클럽의 스피드를 높일 수 있으므로 파워 스윙에 아주 적합한 그립 방법이라 할 수 있다.

② 손바닥 그립(palm Grip)은 클럽의 그립 부분이 왼손 검지의 끝 마디에서 시작해서 손바닥의 손날 부분에 직선으로 놓이도록 하여, 손바닥으로 잡는 그립 방법을 말한다. 이 방법은 손목의 움직임을 억제하는 효과가 있어, 파워보다는 방향성을 중요시하는 쇼트 게임이나 퍼터 그립에 유리하여 그 방면으로 많이 활용된다.

③ 손바닥과 손가락 그립(Palm and Finger Grip)은 손가락 그립과 손바닥 그립의 중간으로 클럽을 잡는 방법으로 어린이와 여성 등 손이 작거나 손가락의 악력이 떨어지는 사람들이 선호하는 그립 방법이다.

● **왼손으로 그립을 잡는 방법에 따른 그립**

앞에서 설명한 바와 같이 왼손 손바닥의 어떤 부위에 클럽의 그립 부위를 위치시킬지가 결정되면 왼손으로 그립을 잡는 방법을 결정해야 한다.

그런데 왼손 그립을 잡는 방법에 따라 그립의 강도가 달라진다는데 이것은 무엇을 의미하는 것일까?

그것은 왼손으로 클럽을 잡았을 때 손등이 어떻게 보이게 잡느냐에 따라 클럽을 더 자유롭게 컨트롤하고 회전시킬 수 있다는 것을 말하는 데, 오른손잡이의 경우, 왼손으로 그립을 잡은 상태를 위에서 내려다보았을 때, 사진처럼 그립 중심에 대비하여 왼손의 손과 손가락이 정렬되는 방식에 따라 그립을 약한 그립(Weak Grip), 중립 그립(Neutral Grip), 강한 그립(Strong Grip)으로 분류한다.

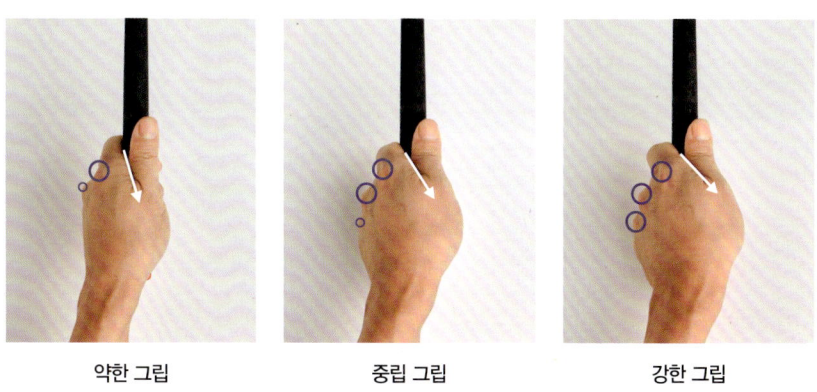

약한 그립   중립 그립   강한 그립

왼손 그립 방법, 즉 그립 강도는 볼이 날아가는 방향, 높이 그리고 비거리에 직접 영향을 미친다.

많은 선수가 타깃을 공략하는 전략적인 샷을 할 때 기본 그립에서 그립의 형태를 변형하여 샷을 하는 경우가 많은 만큼, 왼손 그립 방법은 골프 그립에서 매우 중요한 요소 중의 하나이다.

왼손 그립 방법은 앞서 나온 사진에서 보는 것처럼 일반적으로 세 가지로 나누어서 그 특징들을 얘기할 수 있다.

약한 그립(Week Grip)은 위에서 그립을 내려다보았을 때 왼손의 너클이 1개 정도 보이고, 엄지손가락이 골프 그립의 중앙측에 놓이는 경우를 말한다.

엄지와 검지 사이의 주름에 의해 형성된 V는 골퍼의 머리 쪽이나 오른쪽 어깨 안쪽을 향한다.

이러한 그립은 임팩트 시 손목을 왼쪽으로 턴하는 동작을 어렵게 하여 일반적으로 임팩트 시 클럽 페이스가 약간 열려서 볼이 맞게 되어 볼이 타깃 오른쪽으로 약간 휘어지는 페이드(Fade) 샷이 발생한다.

또한, 볼의 탄도가 상대적으로 높고 볼이 땅에 떨어진 후 런이 적게 생기게 하는 그립이다.

중립 그립(Neutral Grip)은 가장 기본이 되는 그립이다.

이 경우 위에서 내려다보았을 때 왼손의 손가락 관절(너클)이 2~2½개 보이고, 엄지손가락이 골프 그립의 중간 또는 약간 우측(1시 방향)에 놓이게 된다.

엄지와 검지 사이의 주름에 의해 형성된 V는 골퍼의 오른쪽과 어깨를 향하게 된다.

이러한 유형의 그립은 정상적인 스윙 궤도로 샷을 하면, 임팩트 시 클럽 페이스가 타깃에 스퀘어로 만날 수 있으므로, 직선으로 볼이 날아가게 되어 골퍼 대부분이 정상적인 조건에서 사용하는 그립 방법이다.

마지막으로, 강한 그립(Strong Grip)은 이 경우 위에서 내려다보았을 때 왼손의 너클이 2½개 이상 보이고, 엄지손가락이 골프 그립의 우측에 놓이게 되는 경우를 말한다.

엄지와 검지 사이의 주름에 의해 형성된 V는 골퍼의 오른쪽 어깨나 그보다 바깥쪽을 향하게 된다.

이러한 그립은 임팩트 시 손목의 회전 동작을 수월하게 하여, 일반적으로 임팩트 시 클럽 페이스가 약간 닫히게 되어 볼이 타깃 왼쪽으로 약간 휘어지는 드로(Draw)나 훅(Hook)샷이 발생한다.

또한, 볼의 탄도가 낮고 볼이 땅에 떨어진 후 런이 많이 생기게 하는 특징이 있다. 물론 스윙 특성을 보고 판단해야 하겠지만, 페이드나 드로 구질로 고민한다면 우선 왼손 그립부터 체크해 보는 것이 좋은 방법이 될 수 있다.

그리고 일반적으로 힘이 약한 골퍼, 특히 여성이나 어린이의 경우는 약간 강한 그립으로 잡아 스윙 스피드를 높이는 것을 추천한다.

1) 왼손 그립을 잡는 순서

① 클럽 페이스와 라이각(Lie Angle)이 타깃에 맞도록 하여 클럽을 지면에 바르게 놓는다.(사진 ①)

② 오른손으로 클럽 그립의 아랫부분 샤프트를 잡고 클럽을 가슴 앞으로 들어 올린 후, 왼손(오른손잡이 선수의 경우) 집게손가락 아랫마디에서 새끼손가락 바로 아래(뿌리 부분)에 이르기까지 클럽의 그립 부위를 손바닥에 올려놓는다.(사진 ②)

③ 새끼손가락과 중지까지 세 개의 손가락으로 클럽을 감아쥐고, 엄지와 검지는 고리 형태로 만들어서 클럽을 가볍게 감싸게 하여, 스윙 시 손안에서의 클럽의 움직임을 억제하는 형태로 그립을 잡는다.(사진 ③)

④ 위에서 내려다보면서 그립의 상태를 확인한다.(사진 ④)

- 왼손 너클이 2~2½이 보이도록 한다.
- 왼손 엄지는 클럽 샤프트의 정중앙이 아니라 그립의 약간 우측(1시 방향)에 위치하도록 한다.
- 엄지와 중지가 만드는 V형은 오른쪽 어깨 쪽을 향하게 한다

3. 오른손 그립 잡기

골프에서 오른손은 힘을 생성시키는 것이 아니라, 몸에서 생성된 파워를 클럽에 잘 전달하거나, 스윙 스피드를 가속하는 역할을 한다. 그리고 두 손이 일체감을 느낄수 있도록 잡는 것이 매우 중요하다.

많은 골퍼가 클럽의 스피드를 내기 위해서는 야구 배트를 휘두르듯 손이나 팔로 힘껏 클럽을 휘둘러야 한다고 생각하기 쉽다.

하지만 그렇게 힘을 쓰면 그립이 강해지면서 오히려 클럽을 꽉잡는 꼴이 되어 클럽 스피드를 떨어뜨린다. 그래서 오른손 그립은 오른손이나 팔이 힘을 적게 쓰도록 오버랩이나 인터로킹 그립으로 발전되어왔다.

골프 그립은 오른손으로 클럽을 잡을 때 양손의 손가락을 서로 어떻게 위치시킬 것인가에 따라 오버랩 그립, 인터로킹 그립, 야구 그립 등 세 가지 종류로 나눌 수 있다.

이러한 그립의 유형이 볼 플라이트에 직접적인 영향을 적게 미친다고 하니, 선수 개인적인 취향의 문제로 인식하기보다는 왼손과 오른손 그립의 일체감, 골퍼의 손의 크기나 악력 등 골퍼의 신체적 조건에 따라 적합한 그립을 선택하는 것이 바람직하다고 할 수 있다.

1) 오른손 그립의 종류

오버랩 그립

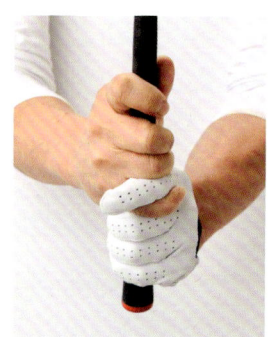
인터로킹 그립

야구 그립

① 오버랩 그립 / 바든 그립

오버랩 그립은 바든(Vardon) 그립이라고도 알려졌는데, 이 바든이란 이름은 골퍼 최초로 국제적 스타였던 영국의 골프 레전드 해리 바든(Harry Vardon 1870~1937)이 20세기 초에 이 그립 방법을 대중화시켰다 하여 붙은 것이다.

이 그립은 손이 크고 강한 사람들이 주로 사용하며, 골퍼들 사이에서는 오른손에 힘이 적게 들어가는 비교적 부드러운 샷을 하기 쉬운 그립으로 선호되고 있다. 그리고 전 세계 남자 프로 골퍼들이 가장 많이 사용하는 그립 중의 하나이다.

 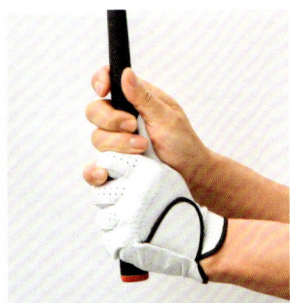

오버랩 그립 / 바든 그립

이 그립은 왼손으로 클럽을 잡은 후에 오른손 새끼손가락을 가져와서 왼손의 검지와 가운뎃손가락 사이에 올려놓으면 된다.

② 인터로킹 그립
인터로킹 그립은 왼쪽 집게손가락이 오른쪽 작은 새끼손가락에 걸려서 양손이 효과적으로 서로 맞물리게 하는 그립의 형태로 양손의 일체감이 좋아 손목을 제어하기가 상대적으로 좋다. 골프에서 가장 많이 사용되는 그립은 아니지만, 잭 니클라우스(Jack Nicklaus)와 타이거 우즈(Tiger Woods) 등 유명 골퍼들도 활용하는 그립의 한 종류이다. 이 그립의 형태는 클럽을 잡을 때 손에 많은 압력을 가할 필요가 없으므로 초보자, 힘이 약한 여자 선수나 손이 작은 사람들에게 유리하다.

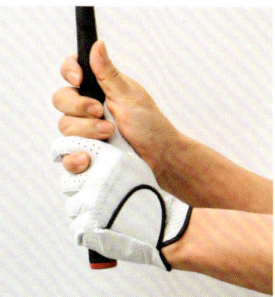

인터로킹 그립

③ 야구 그립 / 10 핑거 그립

이 그립은 야구 방망이를 잡는 데 사용되는 그립과 매우 유사하여 야구 그립 또는 10개 손가락이 모두 분리되어 잡는다 하여 '10 핑거 그립'으로 이름이 붙었다. 이 그립의 경우 오른손의 새끼손가락을 왼손의 집게손가락에 붙이고, 그런 다음 오른손의 생명선으로 왼손의 엄지손가락을 가려서 잡는 그립이다.

이 그립은 양손의 일체감이 적고, 오른손 그립에 힘이 들어가게 잡기 쉬워서 일반적으로 사용하지는 않지만, 손목 통증이나 관절염이 있는 경우에도 편하게 스윙을 할 수 있고, 손이나 팔 힘이 약하거나, 골프를 시작하는 어린이들이 많이 사용하는 그립의 한 형태이다.

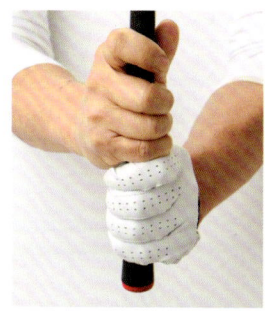

야구 그립 / 10 핑거 그립

그립 종류의 발전 과정을 추적해 보면, 그립을 잡을 때 오른손(오른손잡이 골퍼)에 지나치게 힘이 들어가게 되면, 원활한 백스윙과 클럽 컨트롤, 양손의 일체감, 코킹 및 오른팔을 이용한 다운스윙 주도 등 여러 가지 측면에서 문제점이 있었고, 이를 개선하는 방안을 찾는 과정에서 오른손 힘을 약하게 하는 방법으로 오버랩 그립과 인터로킹 그립으로 발전했다. 오늘날 유행하는 이러한 골프 그립이 체계화되기 전에는, 대부분 골퍼가 모든 손가락을 이용한 그립 즉, 10 핑거 그립과 유사하게 손바닥으로 클럽을 잡았다고 한다.

2) 오른손 그립 잡는 순서

오른손 그립은 가능하면 가볍게 잡는 것이 중요하다. 오른손으로 강하게 잡게 되면 그에 따라 오른팔과 어깨에 힘이 잔뜩 들어가게 되며, 이 힘으로 인해 백스윙할 때 클럽을 오른손으로 들어 올리거나 부드러운 백스윙을 못하게 된다. 또한, 다운스윙 시에 오른손이 폴로 스윙을 주도하게 되어 볼을 퍼 올리려 한다거나, 엎어치기를 하는 등의 문제가 발생한다.

이러한 문제점에 유의하면서 대표적인 오른손 그립이라 할 수 있는 오버래핑 그립을 잡는 순서를 살펴보자.

① 클럽을 잡은 왼팔의 팔꿈치를 구부린 상태에서 클럽을 왼손으로 들어 클럽 면이 타깃 방향에 스퀘어가 되도록 한다.

② 우측 사진처럼, 오른손 가운뎃손가락과 약지를 손잡이 위쪽에 나란히 놓는다.

이렇게 하면 오른쪽 새끼손가락이 왼손 검지와 중지 사이에 겹쳐지면

서 양손이 하나가 되어 움직이기 쉽게 된다.

③ 오른쪽 엄지와 검지를 제외한, 새끼손가락, 약지와 중지를 이용하여 클럽을 잡은 후, 오른손 집게손가락을 방아쇠 손잡이처럼 놓는다.

이때 가운뎃손가락과 집게손가락 사이에 작은 간격이 있다.

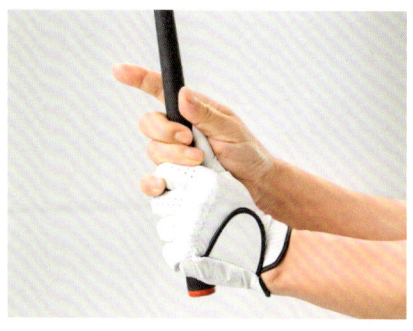
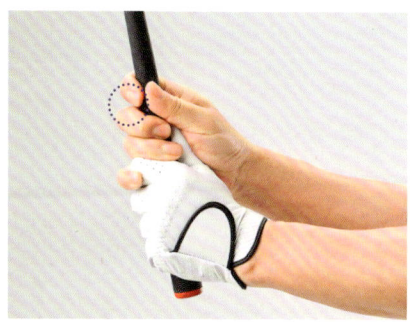

④ 왼손 엄지손가락이 오른쪽 손바닥의 생명선에 의해 형성된 주머니에 꼭 맞도록 한다. 이때 왼쪽 엄지손가락을 완전히 숨겨야 한다.

⑤ 클럽을 내려놓고 최종 그립을 점검한다.

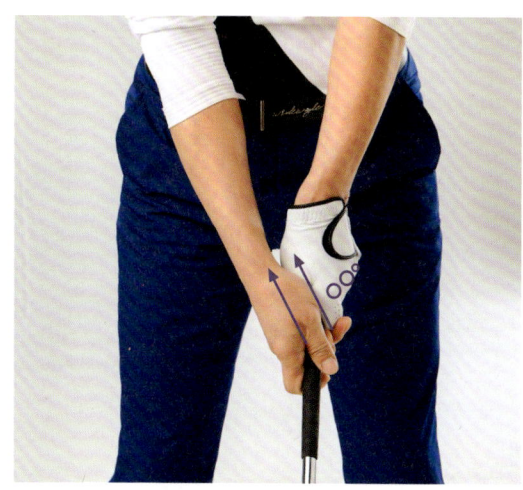

그립 점검

- 클럽 페이스가 타깃에 정확히 스퀘어 상태로 일치하는지 최종적으로 확인하여야 한다.
- 오른손 검지와 엄지가 만든 V자는 오른쪽 어깨를 향하게 한다.
- 완성된 그립은 견고하고(강하게 잡는것이 아님) 안전하고, 편안하고 콤팩트해야 하며, 양손이 통일되고 하나의 손처럼 움직일 수 있는 느낌이 드는 것이 좋다.

4. 그립 악력(Grip Pressure)

그립을 어떤 손, 어떤 손가락으로 얼마나 강하게 잡는 것이 적절한지에 대한 것이 그립의 악력, 즉 그립 프레셔라 한다.

골프 샷에 있어서 그립 악력이 그립을 잡는 방법보다 더 중요하다는 사실을 많은 골퍼들은 간과한다.

특히 아마추어 골퍼의 경우가 더 심하다 할 수 있다.

왜 그럴까? 대부분 골퍼는 자신의 그립이 강하다는 것을 잘 느끼지 못하고, 또 강한 그립이 무엇 때문에 나쁜 것인지를 잘 모르기 때문이라 하겠다.

그립 악력이 강하면, 첫 번째로 우선 손목과 팔 그리고 어깨 등 몸의 상부까지 경직되어 부드러운 스윙이 어려워질 뿐만 아니라, 다운스윙 시에 클럽을 꽉 움켜쥐게 되어 클럽 스피드가 빨라지기는커녕 오히려 임팩트 후에 클럽의 가속도를 떨어트린다.

두 번째는 손과 팔이 스윙을 주도하게 되어 손과 팔을 휘두르는 대로 스윙 궤도가 만들어지고, 그에 따라 공의 방향도 일정하지 않게 된다.

그래서 많은 골프 교습가들이 그립 악력을 가볍게 하여 잡는 것이 좋다고 하는 것이다.

어떤 사람은 손안에 살아 있는 새를 잡는 것처럼, 또는 치약의 튜브를 잡는 것처럼 부드럽게 잡으라고 권유하기도 한다.

그립 악력은 상황에 따라 달라지겠지만, 일반적으로 그립의 강도를 숫자 크기에 따라 1~10으로 나눈다면 4~5 정도의 힘으로 잡는 것이 적정하다 할 수 있다.
골프에서 힘을 빼는 좋은 방법의 하나로, 어드레스 시의 가벼운 그립 악력으로 시작하여 피니시까지 같은 그립 악력을 유지하는 것이 중요하다.
그렇게 하지 않고 처음부터 강하게 잡거나, 아니면 처음에는 부드럽게 잡았다가 다운스윙 과정에서 잔뜩 힘이 들어가면서 그립을 강하게 잡는 골퍼들을 많이 보게 되는데, 이러한 골퍼들은 스윙 스피드도 떨어지고, 피니시를 자연스럽게 하기 어려울 뿐만 아니라 엘보 통증으로 고통을 받는 경우가 많다.
많은 골퍼가 고통받는 일명 테니스 엘보는 뒤땅이나 강한 타격보다, 강한 그립에서 유발되는 경우가 많기 때문에도 부드러운 그립이 중요하다.
부드러운 그립을 잡기 위해서는 그립을 잡는 양손과 그립 사이에 공간이 생기지 않도록 하고, 악력이 손바닥 어느 한 곳에 집중되지 않고(굳은살이 어느 한 곳에 생기지 않게) 분산되도록 그립의 악력을 조절하는 것이 중요하다.
그리고 양손의 엄지와 검지는 다른 손가락보다도 더 가볍게 잡아야 한다.
그립 악력은 골프를 시작하는 단계에서 잘못된 습관에서 오는 경우가 많으므로 입문 단계부터 가볍게 잡는 습관을 지니도록 노력하는 것이 중요하다.

5. 엄지손가락을 길게 잡는 것과 짧게 잡는 것의 차이

그립을 잡을 때 왼손 엄지손가락을 펴서 길게 잡아야 하는지, 아니면 짧게 해서 잡아야 하는지 잘 모르겠다고 하소연하는 골퍼들을 만나게 되는데, 그것은 왼손 엄지의 길고 짧음의 차이를 잘 알지 못하기 때문으로 생각된다.
그립을 잡을 때 왼쪽 엄지손가락을 길게 잡는 경우는 손목 힌지를 잘 활용할 수 있어 백스윙 톱에서 오버 스윙이 될 수도 있고, 스윙 아크가 커지면서 클럽의 헤드 스피드를 높일 수 있으나 상대적으로 샷의 정확성이 떨어지는 단점이 있다.

반면, 왼쪽 엄지손가락을 짧게 해서 잡는 경우는 손목 힌지(Hinge)를 잘 활용할 수 없어 백스윙이 짧아질 수 있고, 스윙 아크가 작아지면서 클럽의 헤드 스피드가 감속하는 단점이 있지만, 샷의 일관성에는 도움이 된다.

따라서 왼손의 엄지손가락 길이를 자신의 스윙 특성을 고려하여 적정하게 유지하는 것이 중요하다.

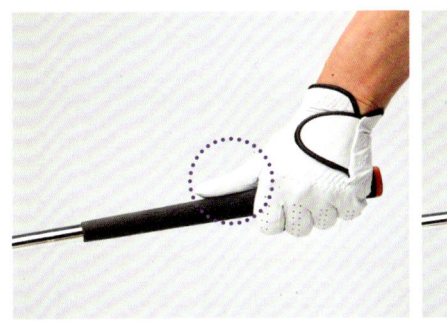
긴 엄지손가락

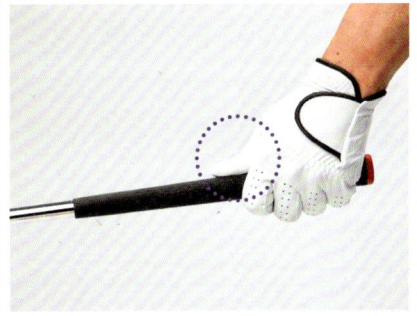
짧은 엄지손가락

6. 적절한 클럽 버트(Butt)의 끝 길이

각 클럽은 클럽 사용자의 특성에 맞는 고유의 샤프트 길이를 가지고 있다.

샤프트의 길이를 길게 잡느냐, 짧게 잡느냐에 따라 볼과 몸의 간격이 멀어질 수도 있고, 가까워질 수도 있다.

버트의 끝부분을 얼마를 두고 잡느냐에 따라 샤프트의 길이가 달라진다. 그렇다면 클럽을 잡았을 때 버트의 끝을 얼마나 남기고 잡는 것이 좋을까?

물론 거리를 조절하기 위한다거나, 쇼트 게임에서 볼과 몸과의 거리를 더 가깝게 하여 방향성과 거리를 더 정확하게 하려고 클럽의 버트 부분을 의도적으로 내려 잡는 경우도 있다. 일반적으로 그립을 잡을 때 습관적으로 버트의 끝부분을 길게 (샤프트의 길이가 짧아지게) 잡으면, 몸과 볼이 가까워지고 스윙 아크가 작아져서 볼의 컨트롤이 쉬워져 방향성이 좋아지기 때문이다. 하지만, 그런 반면에 샤프트의 탄성은 줄어들면서 볼이 낮게 날아가고 거리가 줄어들 수 있다.

일부 프로선수들이 클럽을 짧게 잡는 것은 그 선수들의 그립 습관이나 특성에 의한 것이다. 그리고 그렇게 하는 선수들은 자신에게 맞는 샤프트 길이나 강도의 클럽을 주문 제작하여 사용하기 때문에 위에서 설명한 내용과는 다를 수 있다.

반면에 버트의 끝부분을 짧게(샤프트의 길이가 길어지게) 잡으면 클럽 샤프트의 탄성을 충분히 활용할 수가 있고, 스윙 아크를 상대적으로 크게 하므로 거리가 늘어나는 만족감은 있으나, 스윙 과정에서 손에서 과도한 클럽의 움직임이 발생하여 볼 방향의 일관성을 유지하기가 어렵게 된다.

짧은 버트 길이 　　　　 적절한 버트 길이 　　　　 긴 버트 길이

바디스윙이 골프스윙이다

CHAPTER 5
셋업

모든 스포츠와 마찬가지로 골프에서 올바르고 일관된 준비 자세(Setup)를 취하는 것은 다음 동작을 잘하기 위함도 있지만, 잘못된 준비 동작에서 발생하는 스윙의 오류나, 나쁜 준비 동작을 커버하기 위한 보상 동작으로 골프가 어렵고 복잡해지는 것을 방지할 수 있다. 좋은 준비 자세는 성공을 보장하지는 않지만, 성공할 기회를 크게 향상시킬 수 있다.

CHAPTER 5
셋업(Setup)

올바른 셋업 자세는
성공 기회를 향상시킨다

1. 셋업(Setup)

셋업이란 볼이 효율적이고 일관되게 날아갈 수 있도록 우리의 몸과 클럽의 모든 요소를 올바르게 위치시켜 골프스윙의 준비 자세를 만드는 것을 말한다. 이 자세에 대해 잭 니클라우스는 "셋업이 골프에서 차지하는 비중이 40%다"라고 하면서 셋업의 중요성을 강조했다.

다른 스포츠와 마찬가지로 골프스윙은 준비 자세에서 시작되는 만큼 자기 자신의 신체 조건에 맞는 준비 자세가 무엇보다 중요하다.

골프 스윙은 준비 자세에서 진화하고, 좋은 준비 자세는 성공을 보장하지는 않지만 기회를 크게 향상한다고 했다.

골프의 시작인 셋업 자세의 순서를 다음과 같이 하는 것이 바람직하다.
① 조준(Aiming)/골프 클럽 바로 놓기
② 스탠스(Stance)
③ 골반 접기 및 무릎 굽히기
④ 볼의 위치 선정

⑤ 손의 위치 설정
⑥ 바디 정렬하기

2. 에이밍(Aiming)/골프 클럽 바로 놓기

골프는 타깃 게임이라고들 한다. 사실 골프공이 날아가는 목표의 조준 즉, 에이밍의 중요성은 모든 골퍼가 잘 알고 있지만, 막상 필드에 나가게 되면 대부분의 아마추어 골퍼들은 에이밍에서 실수를 많이 하는 것을 볼 수 있다.

에이밍이란 클럽 페이스를 타깃 방향에 직각이 되게 맞추고 나서, 거기에 맞도록 몸도 타깃에 평행하게 정렬하는 것을 말한다.

즉, 두개의 라인이 기차선로처럼 평행을 이루게 하는 것이 좋다. 하나의 선은 타깃

으로 향하는 볼 라인이고, 다른 하나의 선은 볼 라인과 평행하게 몸을 정렬하는 것을 말한다. 몸을 타깃 라인에 평행하게 정렬하는 핵심은 골퍼의 발뒤꿈치(앞부분이 아님)를 연결하는 라인이 타깃 라인과 평행하게 유지하는 것이다.

만약 클럽 페이스가 타깃과 1° 차이 나게 열리거나 닫히는 잘못된 에이밍을 하게 되면, 100m 거리에 있는 타깃을 기준으로 아이언 클럽은 1.3m, 드라이버의 경우는 1.5m가량 편차를 발생시킨다.

클럽 페이스의 에이밍이 잘못되었을 때 볼 플라이트에 영향을 미치는 비중이 아이언은 75%, 드라이버의 경우는 85%가 되기 때문이다.(나머지는 스윙 궤도의 영향이다).

열림   정상   닫힘

우리는 가끔 타깃을 벗어난 샷을 하고 나서는 에이밍의 문제를 확인하기보다는 골프스윙에 문제점이 있다면서 자책한다. 하지만, 골프를 잘 치려면 우선 골프공을 보내려는 목표 지점을 분명하게 하는 에이밍을 잘하는 것이 무엇보다 중요하다. 올바른 에이밍을 하는 방법은 다음과 같다.

① 자신의 골프 수준에 맞는 목표 지점(그린의 깃대가 아닐 수도 있음)을 선택하여야 한다.
② 볼이 목표를 향해 비행하는 루트를 따라 좌우 위아래로 장애물을 확인한다.

골프 코스 장애물 확인

③ 목표 지점과 일직선이 되는 샷 지점 전후방의 가까운 지점(약 2.0m 이내)에 중간 목표를 잡아서 에이밍의 적절성을 확인한다.

④ 오른발을 앞으로 내밀고 몸을 숙인 자세에서, 클럽의 라이각에 맞게 클럽 페이스를 볼 옆면에 내려놓는다. 이때 클럽 페이스는 타깃에 직각이 되게 한다.

3. 스탠스(발의 위치 및 너비)

스탠스란 어드레스 상태에서의 양발 위치와 너비를 말하는데, 골프에서 스탠스는 골프스윙의 시작 단계부터 피니시까지 몸의 균형과 파워를 내는 데 절대적인 요소라 할 수 있다.

스탠스는 골프볼이 놓여 있는 장소적 여건이나, 어떤 클럽을 사용하느냐에 따라 달라질 수 있다.

스탠스를 취할 때는 기본적으로 스탠스(양발)의 너비, 적절한 무릎 굽힘 정도, 발의 각도 등 3가지 요소를 고려하여야 한다.

 스탠스의 너비는 몸의 안정성(Stability)과 회전력(Mobility)을 고려하여 클럽에 따라 달리해야 한다.

아이언 클럽(발 바깥선)　　　　드라이버 클럽(발 안쪽선)

너무 좁은 자세는 몸의 회전력은 좋게 하지만, 몸의 안정성을 약하게 하여 파워 스윙을 어렵게 한다.

반면 너무 넓은 스탠스를 취하게 되면, 몸의 안정성은 좋아지지만, 회전력을 방해하여 스윙 궤도를 다르게 만들 수 있다.

그래서 일반적인 스탠스의 너비를 결정하는 방법은 앞서 나온 사진처럼, 짧은 아이언의 경우는 어깨의 너비가 스탠스의 바깥선 너비와 같게 하고, 페어웨이 우드 및 드라이버와 같은 긴 클럽의 경우는 어깨의 너비가 스탠스의 안쪽 선 너비와 같게 한다.

타이거 우즈도 일반적으로 이러한 스탠스 너비를 취한다.

무릎 굽힘은 가능하면 체중이 앞쪽으로 실리도록 하고, 가볍게 구부리는 것이 좋다. 무릎을 구부릴 때 체중이 엉덩이에 실리지 않도록 해야 스윙 시에 원활한 체중 이동이 가능해져 스피드를 낼 수 있다.

그리고 무릎은 약간 바깥쪽으로 벌리면 골반을 접기 쉽고, 백스윙 시 골반이 적게 돌아가게 할 수 있고, 상체와 하체를 분리하여 견고한 스탠스를 만드는 데 도움이 된다.

지나친 무릎 굽힘   적절한 무릎 굽힘

스탠스 시의 발의 각도 및 전체 자세에서 일반적으로 타깃 쪽 발(왼발)의 각도를 많이 오픈하는 이유는 다운스윙 시에 몸의 회전을 수월하게 하여 몸의 꼬임과 회전력이 약한 시니어 골퍼들에게 더 효과적인 방법이기 때문이다.

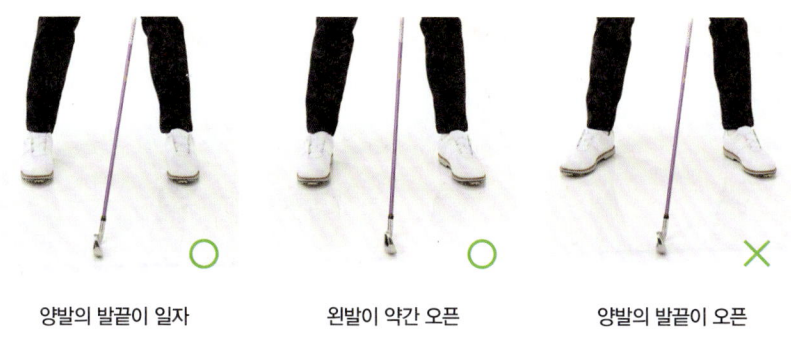

양발의 발끝이 일자   왼발이 약간 오픈   양발의 발끝이 오픈

일반 골퍼들이 이러한 방법으로 왼발을 많이 오픈하고 스윙을 하면 임팩트 시에 클럽이 열려 맞으면서 슬라이스 구질이 많이 생기는 특성이 있으므로 자신의 스윙 특성을 고려하여 선택하여야 한다.

아무튼 지나치게 발을 오픈하는 것은 오히려 몸의 안정성과 꼬임을 나쁘게 하여 공의 정확성과 파워를 잃게 하므로 어떤 발이든 자신의 신체적 특성이나 볼 플라이트 특성을 고려하여 발의 각도를 달리하는 것이 좋다.

4. 골반 접기 및 무릎 굽히기

골프스윙은 기본적으로 척추를 중심으로 회전하는 동작이다. 어드레스 자세에서 척추의 위치와 각도가 좋을수록 스윙 전체, 특히 임팩트에 좋다.

상체를 앞으로 숙여 스윙 자세를 만들 때 어디를 얼마나 구부리느냐에 따라 골프스윙 시 몸의 균형과 스피드를 내는 데 크게 영향을 미친다.

상체를 앞으로 숙일 때는 바른 자세로 서서 양발에 체중을 균등하게 놓고, 척추를 곧게 펴고 어깨에 힘을 빼고 부드럽게 골반 부위만 꺾어 상체를 앞으로 숙여야 한다. 이때 엉덩이가 뒤로 많이 빠지지 않고, 체중이 몸의 앞쪽에 유지될 수 있도록 하여 척추뼈가 수직으로 하중을 받지 않고 척추뼈가 열려 척추를 중심으로 한 몸의 회전이 원활히 되도록 해야 한다.

● 좋은 자세(Good Posture)를 만드는 방법은

① 아래 사진처럼, 팔과 다리를 곧게 펴고 어깨를 뒤로 당기고 똑바로 서서 가슴을 앞으로 약간 내미는 형태를 만든다. 그리고 골반 앞에 클럽이 오도록 잡는다.

① ②

② 골반 부위를 꺾어서 상체를 앞으로 기울이면, 자연스럽게 체중이 발 앞쪽에 오게 된다.
이때 허리(척추)가 C형(p.123 왼쪽 사진)으로 둥글게 되거나, S형(p.123 오른쪽 사진)으로 되지 않고 평평해야 한다.
③ 클럽을 내려서 자연스럽게 클럽을 잡는다.
허리(척추)가 평평해지기 위해서는 히프를 하늘로 밀어 올리지 말고, 복부에 약간

힘을 주어 등 근육과 복부 근육이 서로 균형이 되게 하는 것이 중요하다.

C-자세　　　　　바른 자세　　　　　S-자세

④ 무릎을 과도하게 구부리지 말고, 체중을 앞발에 유지하면서 개구리가 높이 뛰기 위하여 움츠리듯이 무릎의 탄성을 살릴 수 있을 정도면 좋다.

5. 볼의 위치

타이거 우즈는 볼 위치가 '침묵의 암살자'가 된다고 표현을 할 정도로, 골퍼에게 볼의 위치를 어디에 두고 쳐야 하는지를 결정하는 것은 매우 중요한 일이다.

그 이유는 볼의 위치 설정이 볼의 탄도와 방향은 물론, 거리에도 영향을 많이 주기 때문이다.

교과서적인 볼의 위치를 설명하기는 쉽지만 코스에 나가게 되면 평지가 아닌 오르막, 내리막 등 매번 다른 조건에서 샷을 해야 하므로 막상, 실전에서는 어렵다. 따라서 코스에서는 표준적인 볼의 위치를 이해하고, 상황에 맞게 볼의 위치를 조절할 필요가 있다.

① 우선 표준적인 볼의 위치를 설정하는 방법을 설명하면 아래 사진처럼 쇼트 아이언(웨지, 아이언)의 경우 양발의 중앙 부분에 볼을 두고, 클럽이 길어지면 볼 크기의 1/2씩 타깃 방향으로, 또 몸에서 멀어지게 옮기면 된다.

드라이버의 위치는 왼발 뒤꿈치 안쪽과 나란한 선에 위치하게 하는 것이 일반적이라 할 수 있다.

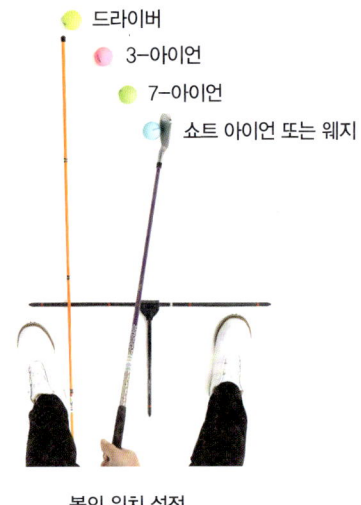

볼의 위치 설정

② 볼과 몸의 거리는 쇼트 아이언(웨지, 아이언)의 경우 가능하면 어드레스 시 어깨

밑에 손이 오도록 하는 것을 기본으로 한다. 그리고 클럽이 길어지면 클럽의 라이각이 맞도록 손의 위치를 조금씩 변경하면서 볼과 몸의 간격이 조금씩 멀어지게 한다. 긴 클럽으로 다운스윙을 할 때 손이나 팔이 빠져나갈 수 있는 공간을 주는 것이 바람직하다. 그리고 드라이버와 같이 긴 클럽으로 스윙을 할 때 클럽이 더 원활하게 움직이는 데 도움이 될 수 있게 손이 조금 몸에서 멀어져도 된다.

아이언 클럽의 볼의 위치   드라이버 클럽의 볼의 위치

드라이버는 올려치고(어퍼 블로), 우드는 쓸어치고, 아이언은 찍어 치라고(다운 블로) 하는 것은 클럽에 따라 볼의 위치가 달라진다는 말이다.

사용하는 클럽이 바뀌면 클럽에 따라 골프볼의 위치를 달리하는 것이지, 골퍼의 스윙이 변하는 것이 아니다. 그리고 그 리듬과 밸런스 또한 일정하게 유지하도록 해야 한다.

오른손잡이 골퍼의 경우는 다음 페이지의 가운데 사진처럼 왼팔이 스윙 아크의 중심이 되므로 왼 어깨 앞쪽이 스윙 아크의 가장 낮은 점(Low Point)이 된다.

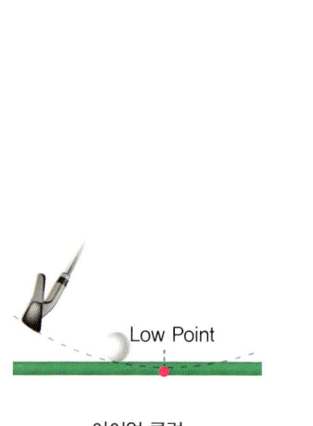
아이언 클럽

드라이버 클럽

따라서 아이언의 경우는 로 포인트의 앞쪽에 볼이 위치하여 다운 블로에서 클럽과 볼이 만나기 때문에 찍어 친다는 표현을 쓰고, 드라이버의 경우는 로 포인트에 볼이 위치하기 때문에 클럽과 볼이 만나고 나서 클럽이 자연스럽게 어퍼 블로 방향으로 나가기 때문에 올려친다고 표현하는 것이다.

우드를 쓸어치는 것은 로 포인트 직전에 볼이 위치하기 때문에 쓸어치는 형상이 되어 그렇게 표현하는 것이다.

어떤 클럽으로 볼을 치든지 바디스윙은 향상 일정하게 유지하는 것이 볼의 방향과 거리의 정확성을 높이는 데 도움이 된다.

6. 손의 위치

골프스윙 중 손의 위치는 매우 중요하다.

손은 몸과 골프 클럽과의 유일한 연결점이기도 하지만 어드레스 시에 손의 위치는 백스윙과 다운스윙 즉, 스윙 궤도에 결정적 영향을 미치는 중요한 부분이다.

이러한 손의 위치는 대부분 몸과 상관관계를 가지게 된다.

전면에서 보았을 때 손의 위치와 측면에서 보았을 때 손과 몸과의 거리가 손의 위치를 설정할 때 고려해야 할 핵심 요소이다.

전면에서 보았을 때 손의 위치는 사진처럼 골퍼에 따라 다소 차이는 있겠지만, 아이언이나 드라이버에 상관없이 어드레스 자세에서 팔을 아래로 늘어뜨리면 왼손(오른손잡이 골퍼의 경우)이 왼쪽 허벅지 앞으로 오고, 오른손이 왼손 아래로 내려가 클럽을 잡게 된다. 이렇게 되면 오른쪽 어깨가 낮아지면서 왼손은 자연스럽게 몸의 중심쪽으로 이동되어 왼쪽 허벅지 안쪽으로 오게 되는데, 이 위치가 가장 자연스러운 전면에서 보는 손의 위치가 된다.

측면에서 보았을 때는 다음 사진에서 보는 것처럼 클럽의 길이에 따라 라이각이 서로 달라지는데, 긴 클럽을 휘두르기 위해서는 몸과 거리를 다소 두는 것이 일반적이다.

드라이버의 경우는 스윙 궤도가 아이언보다 크기 때문에 손의 위치가 어깨 밑이 아니라 어깨보다 약간 앞으로 나온다. 아이언의 경우는 손의 위치를 어깨 밑에 두는 것이 척추를 중심으로 몸이 회전하는 자연스러운 스윙 궤도에 도움이 된다.

드라이버   아이언

손의 위치는 물론 골프 클럽의 길이와 관계는 있겠지만, 몸의 움직임에 따라 팔과 손이 움직이는 만큼 가장 자연스러운 위치를 설정하는 것이 중요하다.

전면에서 보았을 때 아래 사진처럼 손의 위치를 인위적으로 앞으로 즉 타깃 방향으로 많이 보내기(Hand First), 또는 타깃 반대 방향으로 많이 보내거나 손의 위치에 따라 바디스윙이 변동하는 것은 좋지 않다. 손의 위치가 어디에 있든 손은 몸의 움직임에 따라 수동적으로 움직여야 한다.

'개의 꼬리가 개를 흔든다.(The tail wags the Dog)'라는 미국의 속담처럼 손의 움직임이 몸을 움직이게 한다면 일관성 있는 스윙을 할 수 없다는 것을 꼭 기억하는 것이 좋다.

바디스윙이 골프스윙이다

CHAPTER 6
쇼트 게임(Short Game)

쇼트 게임(Short Game)이란 일반적으로 100야드 내에서 하는 샷을 말하며, 퍼트 칩(Putt Chip), 레귤러 칩(Regular Chip), 피치(Pitch), 로브(Lob), 벙커(Bunker) 샷 그리고 퍼팅(Putting)도 쇼트 게임에 속한다. 이러한 쇼트 게임은 롱 게임의 실수를 만회할 수 있는 기회이며, 골프 스코어를 줄일 수 있는 마지막 기회이다. 어떻게 하면 쇼트 게임을 잘할 수 있을까? 쇼트 게임은 롱 게임과 완전히 다르다. 쇼트 게임은 풍부한 창의력과 상상력을 필요로 하는 게임이다.

CHAPTER 6 쇼트 게임은 롱게임의 실수를 만회할 수 있는 마지막 기회이다

쇼트 게임(Short Game)

1. 쇼트 게임(Short Game)이란

골프는 일반적으로 롱 게임과 쇼트 게임이란 두 가지 요소로 나누어 이야기할 수 있다. 롱 게임이란 티박스에서의 샷 또는 그린에서 멀리 떨어진 곳에서 그린을 향하는 샷으로, 이 샷은 볼을 더 멀리 보내는 것을 목적으로 한다.

반면에 쇼트 게임은 그린에서 100야드 이내의 샷으로, 비거리보다는 정확성을 목적으로 하는 샷을 말한다.

아마추어 골퍼들은 롱 게임인 드라이버 샷은 자존심이라고 열심히 연습한다. 반면에, 쇼트 게임은 현금에 비유하며 중요성을 강조하면서도 정작, 이론적 배경이나 연습을 소홀히 하는 경우가 많다.

그렇다면 쇼트 게임을 잘하려면 어떻게 하면 될까?
쇼트 게임을 잘 하기 위해서는
첫째, 쇼트 게임 샷은 롱 게임 샷과 무엇이 다른지 그 차이점들을 미리 이해하고 미리 준비해야 한다.
쇼트 게임은 더 정확한 기술과 기교가 요구되는 샷이므로 그립, 어드레스, 스탠스,

볼의 위치나 스윙 시퀀스 등 모든 것이 롱 게임과 다르게 이루어진다는 사실을 먼저 이해한다.

두 번째는 연습 시간을 늘려야 한다.
프로들은 연습 시간의 2/3를 쇼트 게임 연습을 한다고 한다. 반면에 아마추어들은 연습장에서 자존심을 위해 드라이버를 들고 열심히 연습하고, 시간이 나면 쇼트 게임 연습을 하지만, 때로는 시간이 없어서 쇼트 게임 연습을 못 한다고 한다.
물론 거기에는 퍼팅과 쇼트 게임장을 무료로 제공하는 미국 골프장과 달리 골프 환경이 열악한 국내 연습장 사정도 크게 작용하리라 생각한다.
그러면 왜 프로들은 쇼트 게임 연습을 더 많이 할까?
쇼트 게임은 롱 게임에 비해 정확성이 떨어지기 때문에 더 많이 연습하는 것이다.
스윙 에러로 확인해 보면, 쇼트 게임이 롱 게임에 비해 에러 지수(Error Index)가 높기 때문이다.
세계적인 쇼트 게임 레슨의 대가인 미국의 데이브 펠츠는 쇼트 게임 바이블(Short Game Bible)이란 책에서 쇼트 게임의 중요성을 에러 퍼센트 지수(PEI, Percent Error Index)를 이용해서 설명했다.

> 에러 퍼센트 지수 (PEI) = 목표 타깃에서 볼의 이격(離隔)거리/목표 샷 거리 ×100
> 예를 들어 드라이버 샷 거리를 250야드 보냈는데, 볼이 최종적으로 정지한 곳과 목표물의 이격(離隔)거리가 20야드 발생했다면 PEI = 20/250×100 = 8%임.

5명의 PGA 프로들의 PEI를 측정한 결과 드라이버에서 9번까지 PEI는 약 5~8%인데 비하여, 피칭웨지(PW)는 14~16%, 샌드웨지(SW)는 14~21%, 퍼터(Putter)는 무려 22~31%의 차이가 발생했다고 한다. 이로써 프로선수들에게 가장 취약한 부분이 퍼팅이고, 쇼트 게임도 약하다는 것이 입증되었기 때문에 당연히 PEI를 낮추고, 스코어를 줄이기 위해서는 쇼트 게임에 연습 시간을 많이 할애하는 것이 당연하다고 그는 주장한다.

마지막으로 자신의 수준에 맞는 샷을 해야 한다.
쇼트 게임은 정확한 임팩트와 일정한 스윙 리듬이 성공을 좌우한다. 따라서 샷을 하기 전에 반드시 볼이 놓여 있는 페어웨이나 그린 상태, 그린에서 핀의 위치, 볼과 타깃(홀) 사이 다른 장애물 여부, 볼을 떨어뜨릴 위치, 그리고 자신의 샷의 성공 확률 등을 고려해서 자신의 수준에 맞는 샷을 해야 한다.
막연히 성공하겠지 하고 운에 맡기듯 골프를 하면 반드시 스코어를 망친다.
골프가 어렵다고 생각되면, 퍼팅부터 역으로 생각하면 더 쉽게 골프를 할 수 있고, 또한 스코어도 줄일 수 있다.
퍼팅을 잘한다면, 어프로치 샷을 그린에만 올리면 2퍼트로 끝낼 수 있으니 어프로치 샷을 걱정하지 않아도 되고, 어프로치 샷이 걱정 없다면, 아이언 샷이 나빠도 어프로치로 타깃을 공략할 수 있으니 아이언 샷에 대한 걱정이 없을 것이다.
아이언 샷이 나빠도 된다면, 드라이버 샷은 걱정 없이 마음 편하게 쳐도 된다는 것이다. 그렇게 하면 티박스에서부터 샷에 대한 부담이 줄어 몸에 힘이 덜 들어가고, 모든 샷이 잘될 수 있을 것이다.
자, 이제 보기 플레이어가 되어도 좋다면 드라이버 연습을 하면 되고, 싱글 플레이어가 되거나 게임에서 이기고 싶으면 쇼트 게임 연습을 열심히 해야 한다.

2. 쇼트 게임의 종류

쇼트 게임은 스코어를 줄일 수 있기도 하지만, 선행 샷의 실수를 커버할 수 있는 좋은 방법이기 때문에, 그린 주변에서 볼이 홀컵에서 떨어진 거리나, 볼의 라이 상태,

그린에서의 홀컵의 위치 등 여러 가지 요소들을 고려하여 우선 실수를 적게 하고, 자신이 있는 쇼트 게임의 종류를 선택하는 것이 중요하다.

그린 밖에서는 퍼터의 사용도 유용한 경우가 많다.

> **텍사스 웨지(Taxas Wedge)란**
> 골프 레전드인 벤 호건(Ben Hogan)과 리 트레비노(Lee Trevino)로 인해 '텍사스 웨지(Taxas Wedge)'라는 말이 유행하게 되었다. 그 이유는 미국 텍사스 출신인 벤 호건과 리 트레비노가 바람이 많이 부는 환경에서 골프를 배우면서, 그러한 환경에서는 그린 밖에서 퍼터를 사용하는 것이 쇼트 게임에 도움이 되고 성공률이 높다는 것을 주요 경기에서 입증했다. 그래서 그린 밖에서 퍼터를 사용하는 것을 '텍사스 웨지'라고 부르게 된 것이다.

1) 쇼트 게임의 종류

쇼트 게임의 종류는 골퍼들에 따라 다르게 표현되기도 하지만, 일반적으로 퍼트 칩(Putt Chip), 레귤러 칩(Regular Chip), 피치(Pitch), 로브(Lob), 벙커(Bunker) 샷 그리고 퍼팅(Putting)으로 구분할 수 있다.

① 퍼트 칩(Putt Chip)

퍼트 칩이란 퍼팅처럼 치핑을 하는 쇼트 게임의 일종으로 칩 퍼트, 또는 퍼팅 같은 칩 샷 등 다양한 표현으로 소개되기도 하는데, 이름은 달라도 내용은 거의 같다.

그린 밖에서 다양한 클럽을 이용하여 퍼팅 스트로크처럼 하면, 볼이 프린지를 낮게 넘어가 떨어진 다음 퍼팅한 볼처럼 홀(컵)을 향해 굴러가게 하는 쇼트 게임을 말한다. 이러한 퍼트 칩은 프로 선수들뿐만 아니라 아마추어 골퍼들에게도 성공률이 높고, 실수를 최소화할 수 있는 아주 좋은 쇼트 게임 방법이다.

② 레귤러 칩(Regular Chip)

레귤러 칩샷은 퍼트 칩으로 보내기엔 무리가 되는(약 20야드 이상) 다소 더 먼 거리를 보내는 쇼트 게임이다. 기본 아이디어는 불확실성이 많은 구간은 볼이 낮게 떠 가게 하고, 그 구간을 지나서 그린에 떨어진 볼이 퍼팅한 볼처럼 굴러서 홀컵에 도달하게 하는 퍼트 치핑과 아주 유사한 쇼트 게임 방법이다.

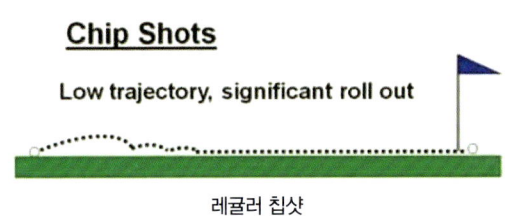

레귤러 칩샷

③ 피치 샷(Pitch Shot)

피치 샷은 일반적으로 로프트 앵글이 큰 클럽 즉 피칭웨지(48°)나, 어프로치 웨지(52°), 샌드웨지(56°) 그리고 로브웨지(60°) 등을 사용하여 100야드 이내지만, 상대적으로 먼 거리에 있는 볼을 홀컵에 최대한 가깝게 붙이기 위한 샷이다. 그린 앞 장해물 등 불확실한 구간은 볼이 공중으로 날아서 넘어가도록 하고, 그린에 떨어지고 난 후에는 구르다가 볼이 빠르게 멈추게 하여 홀컵에 접근시키는 쇼트 게임으로 연습량이 부족한 아마추어 골퍼들에게 쉽지가 않은 샷이다.

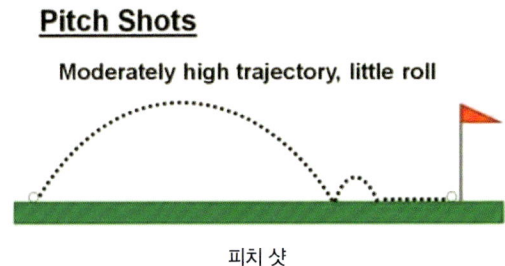

피치 샷

④ 로브 샷(Lob Shot)

로브 샷은 짧은 거리에서 샷을 했을 때 볼의 탄도가 매우 높아 거의 수직에 가깝게 그린에 떨어진 후에는 많이 굴러가지 않고 브레이크가 걸리게 하는 쇼트게임 샷을 말한다.

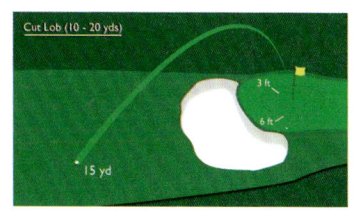

Dave pelz Shot Game Bable

⑤ 벙커 샷(Bunker Shot)

벙커는 그린이나 페어웨이 주변에 있는 모래로 채워진 움푹 들어간 구덩이를 말하는데, 이러한 벙커는 세 가지로 나뉜다.

파4 또는 파 5홀의 페어웨이 중앙이나 옆에 위치하는 페어웨이 벙커(Fairway bunkers), 그린 근처에 있는 그린사이드 벙커(Greenside bunkers), 그리고 자연적인 모래 지역인 웨이스트 벙커(Waste bunkers)가 있는데, 이러한 벙커에서 이루어지는 샷을 벙커 샷이라 한다.

⑥ 퍼팅(Putting)

퍼팅(Putting)이란 퍼터를 이용해서 그린 위에 혹은 그린 밖에 놓인 볼을 홀(컵)이 있는 방향과 거리에 이르도록 스트로크하는 것을 말한다.

3. 퍼트 칩 잘하기

퍼트 칩샷이란 그린 주변에서 퍼터 대신 자신있는 아이언 클럽을 퍼터로 생각하고 퍼팅처럼 스트로크 하는 쇼트게임을 말한다.

퍼트 칩은 프로들뿐만 아니라, 그린 주변에서 소위 온탕과 냉탕을 반복하는 하이 핸디캡 골퍼들에게도 아주 유용한 방법이다. 그리고 심리적 압박을 받는 상황에서도 실제로 샷의 복잡성을 줄일 수 있어, 뒤땅이나 토핑을 방지할 수 있고, 볼이 낮게 유지되며, 캐리가 얼마나 필요한지 또는 공이 얼마나 회전할지 걱정할 필요가 없다. 대신 거리와 방향, 그리고 샷의 일관성에 더 집중할 수 있어 그린 주변에서 최상의 결과를 얻을 수 있는 쇼트 게임 방법이다.

이러한 퍼트 칩을 잘하기 위해서는

- 그립은 퍼팅그립과 같은 형태로 잡는다. 즉, 손목 사용을 최소한으로 억제할 수 있게 팜그립으로 하는 것이 좋다

- 볼과 몸 사이의 간격은 가깝게 하고(사진 1, 2 클럽헤드 간격), 볼의 위치는 오른발 엄지발가락 앞으로 오게 한다(사진 2).

- 양발 스탠스의 간격은 좁게 하고(사진 1 클럽헤드 간격), 왼발을 볼 하나만큼 뒤로 이동시켜 하체를 자연스럽게 오픈시키거나, 거리가 가까운 경우에는 타깃에 스퀘어가 되도록 스탠스를 취해도 된다

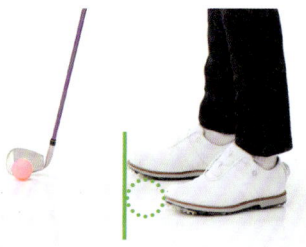

- 몸은 약간 왼쪽으로 기울어지게 하고, 체중은 왼발에 많이 둔다.

- 클럽 페이스는 에지 면이 타깃에 스퀘어가 되게 한다. 그렇게 하면 자연스럽게 클럽 페이스는 약간 닫히는 형태가 되고, 클럽헤드의 힐 쪽이 약간 들려도 된다.

클럽헤드 힐 쪽이 약간 들림

- 퍼트 칩의 스트로크는 퍼팅 스트로크와 같은 방법으로 스트레이트 백, 스트레이트 스루가 되는 팬듈럼이나 피스톤 스트로크를 한다.
- 스윙의 리듬은 항상 일정하게 하는 것이 매우 중요하고, 백스윙과 다운스윙의 크기가 밸런스를 이룰 수 있게 50:50으로 하거나, 폴로 스루가 백스윙보다 상대적으

로 조금 더 크게 하여(Short to Long) 임팩트 후에도 클럽의 속도가 줄어들지 않고 가속이 되게 하는 것이 좋다.

- 그리고 자신에게 맞는 클럽을 선택해 거리별 스윙 크기를 익히는 연습을 꾸준히 하는 것이 필요하다.

백 스트로크   임팩트   폴로 스트로크

4. 레귤러 칩샷 잘하기

레귤러 칩샷을 일반적으로 칩샷이라고도 한다.

레귤러 칩샷은 퍼트 칩보다 좀 더 먼거리로 볼을 보내야 하는 만큼 조금 더 큰 스트로크를 한다고 생각하면 쉽다.

레귤러 칩샷을 잘하기 위해서는 먼저 설명하였던 퍼트 칩과의 차이를 이해하면 된다.

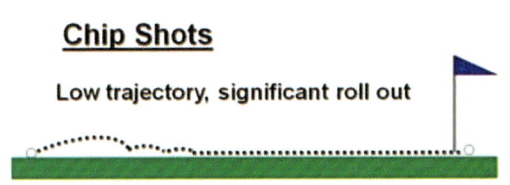

① 어드레스 자세

어드레스 자세는 퍼트 칩과 거의 같은 자세를 취한다. 단지 스윙이 더 큰 만큼, 다운 스윙 시에 손이 자유롭게 타깃 방향으로 빠져나갈 수 있도록 왼발을 약간 뒤로 하고 왼발 끝을 타깃 방향으로 좀 더 열어준다.

② 그립의 차이

그립은 몸과 클럽을 연결하는 유일한 연결점으로 왼 손목이 꺾이지 않게 잡아야 한다. 이 연결점을 통하여 몸의 움직임을 클럽에 전달하여 볼의 방향성과 거리를 결정하게 된다. 퍼트 칩은 손바닥(Palm) 그립에 가까운 퍼팅 그립을 잡는 것이 좋고, 레귤러 칩샷은 왼팔과 클럽이 일체(1-Lever)가 되게 잡는다. 그리고 상대적으로 좀 더 먼 거리를 보내야 하기 때문에 파워 그립에 가깝게 잡아도 되지만, 왼쪽 손목의 움직임 최소화에 도움이 되는 손바닥(Palm) 그립이나 팜 앤드 핑거 그립으로 잡는 것이 좋다.

③ 스트로크

퍼트 칩과 레귤러 칩샷, 두 방법 모두 어깨로 스윙을 하고(하체가 스윙을 리드하지 않음), 헤드가 내려가면서 볼이 맞는 다운 블로로 볼을 친다는 공통점이 있다.

하지만, 목표로 하는 거리가 서로 다르므로, 퍼트 칩은 짧은 거리에서 몸의 움직임을 최소화할 수 있는 퍼팅 스트로크를 하고, 레귤러 칩샷은 좀 더 먼 거리에서 안정적으로 볼을 보낼 수 있게 왼 손목이 꺾이지 않게 하고, 스트레이트 백, 스트레이트 스루가 되게 좀 더 크게 스트로크를 하면 된다.

④ 거리 조절

쇼트 게임에서 방향과 거리 조절은 핵심 요소이다. 퍼트 칩은 퍼팅과 같은 개념으로 거리를 맞추는 연습을 하면 되지만, 칩샷은 거리 조절이 상대적으로 어렵다. 정확한 임팩트와 일정한 스윙 리듬을 위하여 다양한 클럽을 사용하면 유리하다고 하지만, 연습 시간이 절대적으로 부족한 주말 골퍼의 경우는

- 하나의 클럽을 사용하는 것이 유리하다.

연습 시간이 부족한 아마추어 골퍼는 자신이 다루기에 익숙한 하나의 클럽을 사용하

여 거리에 대한 감각을 익히도록 권하고 싶다.

- 항상 볼을 떨어뜨릴 지점을 타깃으로 설정하는 것이 좋다.

홀이 타깃이 아니다. 볼이 목표로 한 지점까지 캐리로 가고, 떨어지고 나면 홀(컵)까지 퍼터처럼 굴러가게 해야 한다.

- 거리별 백스윙의 크기를 익혀야 한다.

손의 위치가 무릎에서 무릎, 허리에서 허리 등, 거리별로 스윙의 크기를 정하고 그 크기에 따른 자신의 캐리와 롤의 거리가 일정하게 되도록 연습해야 한다.

- 임팩트 후에도 클럽에 가속도가 생기도록 하라.

백스윙의 크기를 작게 하여 다운스윙 시에 임팩트의 정확성을 높이고, 대신 폴로 스루의 크기를 더 크게 하여 클럽이 그라운드의 저항을 이기고 가속도를 내도록 해야 한다.

- 마지막으로 연습량은 드라이버보다 많이 해야 한다.

5. 레귤러 칩샷(칩샷)의 비밀

칩샷에 대하여 퍼트 칩과 비교하여 알아봤는데, 이번에는 칩샷을 어떻게 하면 잘할 수 있는지와 칩샷에 대한 궁금증을 중심으로 설명하고자 한다.

칩샷은 골퍼마다 방식도 조금씩 다르고, 그에 따른 이론도 다양하다.

물론 선수마다 신체적 조건이 다양하므로 다양한 방법으로 칩샷을 한다는 것은 어쩌면 당연한지도 모른다. 하지만 칩샷을 배우는 사람의 처지에서는 어떻게 하는 것이 바른 방법인지 궁금하기도 하고 당황스러울 때가 많다.

이제 '왜 그 스윙 단계에서 동작을 그렇게 하는 것이 좋은지'와 기본 원칙과 관련된 이론들을 분명하게 이해한다면, 그것을 바탕으로 혼자서도 창의적이고 효과적인 연습을 하여 칩샷의 성공률을 높일 수 있을 것이다.

칩샷의 비법	· 볼 위치 왼발 앞 · 체중 왼발 60%, 오른발 40% · 백 스트로크 시 왼발 중심 회전(체중 이동 없음)	· 다운 블로로 볼 타격 · 백스윙 시 하체 회전 없음

1) 칩샷 할 때 볼의 위치는 왜 왼발 앞에 둬야 하나?

모든 샷에서 볼을 어느 위치에 두고 스윙을 하는지가 매우 중요하다.

타이거 우즈는 잘못된 볼의 위치는 '침묵의 암살자(Silent Killer)가 된다'고 했다. 그만큼 볼의 위치를 어디에 두느냐에 따라 스윙 궤도와 볼의 탄도가 플레이어의 의도와 달라지기 때문이다. 칩샷은 볼을 낮게 띄워 보내는 것을 목표로 하는 샷이다. 그래서 오른손잡이 골퍼의 경우는 손의 위치를 왼쪽 허벅지 안쪽 앞에 두고, 볼을 왼발 앞쪽으로 두면 어드레스 시부터 클럽의 페이스가 닫히면서 클럽의 로프트 각이 작아져서 정확한 임팩트에 도움이 되고 또한, 볼이 낮게 날아가게 할 수 있다.

하지만 아래 사진처럼 볼이 오른발 앞을 지나서 좌측으로 더 가서 왼발 쪽으로 갈수록 클럽 페이스가 열리면서 볼의 탄도가 높아지는 피치 샷의 형태가 된다.

클럽 페이스 닫힘   클럽 페이스 열림

2) 칩샷을 할 때 체중을 왜 왼발(타깃 쪽에 있는 발)에 두라고 할까?

칩샷은 볼을 멀리 보내는 것이 목적이 아니라 정확한 거리와 방향성을 목적으로 하는 샷이다.

비거리가 중요한 파워 스윙에서는 스윙의 축이 백스윙과 다운스윙 과정에서 바뀌게 된다. 즉, 체중이 백스윙 시에 오른발로 갔다가 다운스윙 시에 다시 왼발로 넘어오는 하체가 리드하는 스윙을 하게 된다.

하지만 칩샷은 볼의 방향과 거리의 일관성이 더 중요하고, 그러기 위해서는 정확한 임팩트가 필요하다. 따라서 칩샷은 백스윙 시에 체중이 오른발로 이동되지 않고, 하체의 움직임을 최소로 하는 것이 중요하다.

그래서 어드레스 시에 왼발에 체중을 두어 스윙의 축이 왼발이 되게 하고, 왼발을 중심으로 몸을 회전하게 되면 하체의 움직임을 최소로 만들 수 있고, 또한 볼을 다운블로로 스트로크할 수 있으므로 거리와 방향성이 좋아진다. 그래서 체중을 미리 왼발(타깃 쪽 발)에 60% 이상 두는 것이 좋다고 하는 것이다.

3) 백스윙 시 체중 이동이나 하체를 회전하는 것이 좋을까?

쇼트 게임은 골반 회전이 스윙을 리드하는 파워 스윙과 다르게 어깨의 회전만으로 스윙을 해야한다.

그래서 데이브 펠츠는 쇼트 게임 스윙을 '피네스 스윙(Finesse Swing)'이라 하였다. 칩샷은 스윙 크기가 작은 미니 스윙이 아니다. 따라서 파워 스윙처럼 백스윙 시 오른발로 과도하게 체중 이동을 하고, 다운스윙 시에 골반(하체)이 먼저 회전하는 스윙을 만들게 되면 비거리는 늘어나게 할 수 있지만, 볼의 방향이나 거리의 일관성에 도움이 되지 않는다.

따라서 오른손잡이 골퍼의 경우, 백스윙 시에는 왼발에 집중되어 있는 체중을 오른발로 이동하는 것을 최소로 하고, 오른쪽 무릎이 어드레스 때와 같이 전면을 바라볼 수 있도록 오른쪽 다리를 고정한다. 이렇게 하면 백스윙 시에 체중 이동으로 인한 하체의 흔들림을 막을 수 있고, 하체의 회전 없이 어깨의 회전만을 이용한 백스윙과 다운스윙으로 샷의 성공률을 높일 수 있다.

4) 칩샷에서 가장 많이 하는 실수는 무엇일까?

칩샷을 하면서 뒤땅이나 토핑 볼을 치는 것이 아마추어 골퍼들이 가장 많이 하는 실수의 유형일 것이다.

이러한 실수는 백스윙 시에 상체가 회전되지 않고 손이나 팔로 클럽을 들었다가 다운스윙 시에 공을 퍼 올려 치는 형태가 되면서 정확한 스트로크가 되지 않아 발생하는 문제이다.

골프는 두뇌 게임이다. 머리에서 근육에 정확한 지시(전기적 신호)를 해야 근육이 올바르게 움직인다. 그런데 팔의 아랫부분(Forearms)이나 손은 수많은 작은 근육들로 이루어져 있어, 많은 연습을 하더라도 우리의 뇌에서 그 근육들을 효율적으로 통제하기가 쉽지 않다.

이것을 방지하기 위해서는 근육이 단순하고 커서 뇌에서 통제가 쉽고, 큰 힘을 낼 수 있는 등이나 어깨 근육을 이용한 스트로크를 해야 한다.

이를 위해서는 먼저 그립을 가볍게 잡고, 팔과 어깨가 하나가 되는 삼각형 구도를 만들고, 그 삼각 구도가 깨지지 않게 어깨의 회전으로 스트로크를 해야 한다. 그러면 자연스럽고 부드러운 스윙이 되고, 스윙 리듬도 일정하게 유지할 수 있어 칩샷의 성공률을 높일 수 있다.

6. 피치 샷(Pitch Shot) 잘하기

피치 샷은 칩샷과는 다르게 일정한 높이 이상으로 탄도를 만들 수 있고, 목표로 하는 곳에 볼을 떨어뜨릴 수 있는 캐리 거리 조절 능력과 볼이 그린에 떨어진 후 빨리 멈추게 할 수 있는 백스핀 능력이 있어야 한다.

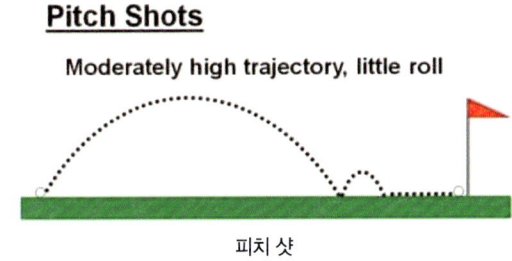

피치 샷

그래서 피치 샷은 칩샷보다 성공률을 높이기 어렵다.

성공률을 높이기 위해서는 이러한 기본적인 요소들이 잘 작동되도록 클럽의 선택부터 스윙까지 모든 부분에서 칩샷과의 차이점을 정확하게 알아야 하고, 그리고 더 많은 연습을 하여야 한다.

피치 샷을 잘하기 위해서는

- 클럽을 선택할 때 48°~60° 웨지 중에서 다루기에 편리하고 자신 있는 클럽을 선택하는 것이 바람직하다.

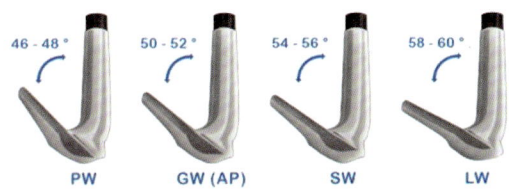

– 셋업은 그립을 가볍게 1인치 정도 내려 짧게 잡고, 양 겨드랑이를 붙이고 몸과 손이 가까워지게 하는 것이 좋다.

피치 샷 어드레스 자세

– 스탠스의 넓이는 짧은 거리는 좁게 하고, 거리가 멀어져 스윙의 크기가 커지면 자동으로 더 넓게 스탠스를 취한다.
– 왼발을 약간(약 11시경) 오픈으로 하고, 왼발에 약 60% 정도 체중을 둔다.
– 볼은 스탠스 중간이나 살짝 오른쪽에 두고 클럽을 오픈한다.
– 스윙의 중심인 상체는 명치가 볼 가장자리를 향하도록 한다.
– 어드레스 자세는 다운 블로로 볼을 치기에 좋은 자세로 하체가 약간 타깃 방향으로 기울어지는 것이 좋다.
– 백스윙 시작 시 오른쪽 팔꿈치를 겨드랑에 붙인 상태에서 왼 손목을 약간 코킹을 하면서 백스윙을 하면, 클럽이 닫히지 않고, 클럽의 토 부분이 하늘을 향하게 된다.

- 백스윙 시 체중 이동이 최대한 일어나지 않게 하체를 잡아야 한다.
- 견고한 임팩트가 핵심으로 클럽의 바운스로 임팩트가 되게 하는 것이 좋다.
- 스윙의 리듬은 일정하게 하고, 임팩트 후에 클럽이 가속되도록 한다.
- 스윙의 시퀀스는 다운스윙 시 파워 스윙과 다르게 어깨 회전이 스윙을 리드하는 어깨 스윙을 한다.
- 백스윙보다 폴로 스루 스윙의 크기가 작지 않아야 한다.
- 피니시 자세 시 균형 잡힌 자세로 가슴이 타깃을 향하게 하고, 클럽 페이스가 하늘을 향하게 한다.

7. 칩샷(Chip Shot)과 피치 샷(Pitch Shot)의 차이점

칩샷과 피치 샷의 차이점은 칩샷은 날아가는 것보다 멀리 굴러가는 샷이고, 피치 샷은 구르는 것보다 멀리 날아가는 샷으로 요소별 그 차이점을 보면 다음과 같다.

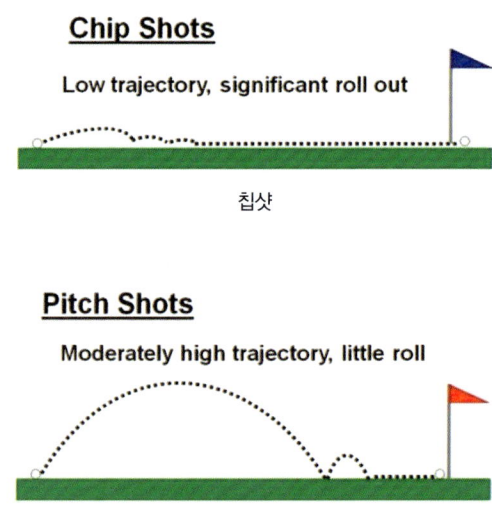

칩샷

피치 샷

① 클럽

칩샷은 거의 모든 클럽을 사용할 수 있지만, 피치 샷은 주로 로프트가 큰 웨지 클럽을 사용한다.

② 그립

칩샷은 왼쪽 손목의 움직임이 적도록 손바닥 그립을 사용하는 반면, 피치 샷은 왼 손목을 상대적으로 좀 더 움직일 수 있는 팜 앤드 핑거 그립이나 핑거 그립을 사용해도 된다.

③ 양발 스탠스 넓이

칩샷은 주로 짧은 거리의 샷을 하므로 양발의 간격을 가깝게 하고, 스퀘어 스탠스나 오픈 스탠스를 유지해도 된다. 이와 달리 피치 샷은 상대적으로 먼 거리를 보내는 경우가 많은 만큼, 양발의 간격을 스윙의 크기에 따라 넓게 조절할 수 있고, 양발은 오픈 스탠스가 되도록 하는 것이 다운스윙 시에 팔의 움직임을 더 원활하게 할 수 있다.

칩샷 스탠스

피치 샷 스탠스

④ 볼 포지션

칩샷은 낮은 탄도를 만들기 쉽도록 오른발 앞쪽에 볼을 두는 반면, 피치 샷은 상대적으로 스탠스의 중앙에 볼을 두거나, 더 높은 탄도를 만들 때는 중앙에서 점차 왼쪽으로 옮기면서 탄도의 높이를 조절할 수 있다.

⑤ 클럽 페이스

칩샷은 볼을 낮게 보내야 하는 샷으로 어드레스 시에 클럽 페이스를 닫아야 한다. 피치 샷은 상대적으로 높은 탄도를 만들어야 하므로 클럽이 가지고 있는 로프트 각이 작아지지 않도록 클럽 페이스를 오픈하는 것이 좋다.

⑥ 체중 이동

칩샷은 스윙하는 동안 계속 왼발에 무게 중심을 두고 체중 이동을 하지 않고 스윙을 하지만, 피치 샷은 상대적으로 스윙의 크기가 커질 때는 체중을 오른발 쪽으로 옮겨도 된다. 그러나 백스윙 시에 오른쪽 무릎이 회전되거나 우측으로 밀리지 않도록 해야 한다.

⑦ 스윙 유형

칩샷은 짧은 유형의 스윙으로 왼 손목을 코킹을 하지 않고 퍼팅 스트로크처럼 스윙하지만, 피치 샷은 백스윙 시에 손목 코킹을 하여도 되고, 상대적으로 큰 스윙이 된다.

⑧ 임팩트 포인트

칩샷에서는 클럽의 에지로 볼을 먼저 치고 땅을 쓸어 치지만, 피치 샷에서는 클럽의 바운스를 이용한 샷을 하므로 볼과 그라운드를 동시에 치는 것이 좋다.

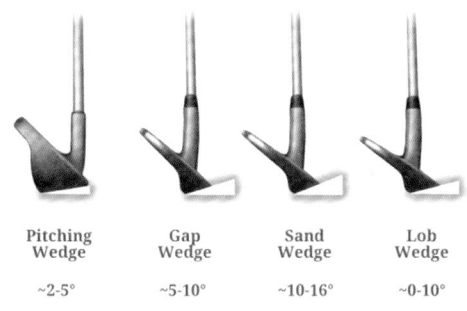

8. 벙커 샷

벙커는 그린이나 페어웨이 주변에 있는 모래로 채워진 움푹 들어간 구덩이를 말하는데, 파4 또는 파5 홀의 페어웨이 중앙이나 옆에 위치하는 페어웨이 벙커, 그린 근처에 있는 그린사이드 벙커, 그리고 자연적인 모래 지역인 웨이스트 벙커 등에서 이루어지는 샷을 벙커 샷이라 한다.

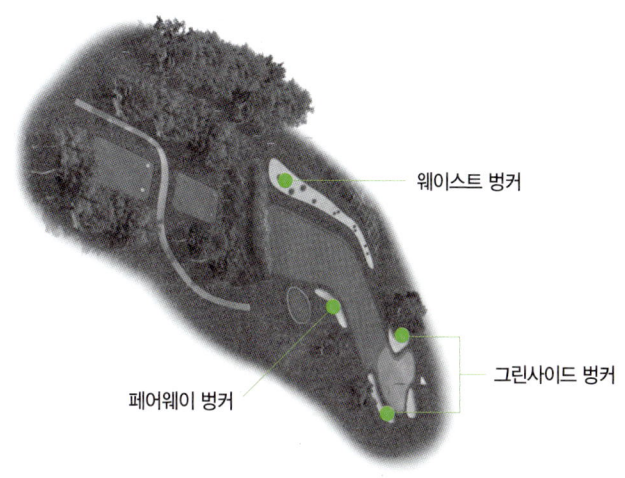

연습량이 부족하면 벙커 샷은 쉽지가 않다. 그래서 그린사이드 벙커 샷을 가장 잘하는 방법은 "벙커 안에 볼이 들어가지 않게 하는 것이다"라고 한다.

하지만 18홀을 돌다 보면 자신의 의지와 관계없이 한 번쯤은 그린사이드 벙커에 들어가기 마련이다.

벙커는 물론 일반적으로 부드러운 모래로 채워져 있지만, 가끔은 딱딱한 모래로 된 벙커도 만나게 된다.

여기에서는 부드러운 모래로 채워진 일반적인 벙커 샷에 관해 설명하고자 한다.

우선 벙커 샷은 파워 스윙이나 일반 쇼트 게임과는 완전히 다른 면이 많다는 것을 이해해야 한다.

첫 번째, 벙커 샷을 할 때 클럽 페이스와 볼이 직접 접촉하지 않는다는 것이다.
클럽의 바운스를 사용하여 클럽 페이스가 볼 밑으로 들어가도록 모래를 먼저 치면, 그 힘으로 모래가 볼을 밀어 올려 공이 벙커 밖으로 튕겨 나가게 되면서 벙커 탈출을 하는 것이다.

두 번째는 벙커에서 클럽이 먼저 빠져나오고 볼이 뒤에서 따라 나온다는 것이다.
샌드웨지의 바운스를 이용하여 부드러운 스윙을 하여 볼 뒤쪽 모래 밑을 파고들게 하면, 볼보다 클럽헤드가 먼저 빠져나오고 볼이 뒤따라 튀어 오르면서 자연스럽게 볼이 그린에 떨어진 후 런이 적게 발생하면서 멈추게 된다.

세 번째는 높은 폴로 스루 또는 피니시 자세까지 스윙이 멈춤이 없이 이루어져야 한다는 것이다.
벙커 탈출 실패 원인의 대부분이 벙커 샷을 하면서 높은 폴로 스루 또는 피니시 자세까지 스윙하지 못하고, 털썩하고 모래만 치고 스윙을 끝까지 유지하지 못하는 것에 있다.

벙커 샷을 잘하기 위해서는 위에서 언급한 세 가지를 잘 이해하여야 한다.
이것이 벙커 샷이 일반 샷과 다른 중요한 특성 차이이기 때문이다.
이러한 특성을 고려하여 벙커 샷을 잘하기 위해서는 다음 사항을 명심하자.

① 클럽의 선택

그린사이드 벙커에서 클럽을 선택할 때는 우선 벙커 턱의 높이나 핀의 위치, 그린까지의 거리 등을 고려하여 클럽의 로프트뿐만 아니라 클럽의 바운스 형상이나 바운스 앵글을 고려하는 것이 중요하다.

일반적으로 홀(컵)이 그린의 앞쪽에 있는 경우에는 높은 탄도를 만들 수 있는 로프트 각이 큰 60° 웨지를 사용하는 것이 유리하고, 벙커에서 거리가 멀수록 상대적으로 로프트가 작은 56°~52° 웨지를 사용하는 것이 유리하다.

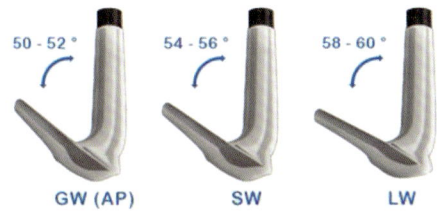

② 셋업

골프에서 효율적인 샷을 잘하기 위해서는 그 샷에 맞는 셋업을 잘하는 것이 중요하다.

- 스탠스(양발의 너비와 자세)

양발은 타깃에 스퀘어로 하고 리드 발(오른손잡이의 경우 왼발)의 발끝을 약간 오픈(약 10시 방향)한다. 양발의 간격은 일반 아이언보다 약간 넓게 하고, 체중을 왼발에 두어 샷 중에 하체의 움직임을 적게 하는 방법으로 하고, 샷 과정에서 발이 모래에서 미끄러지거나 움직이지 않도록 모래에 잘 고정되도록 해야 한다.

가능하면 무릎을 굽혀서 자세를 낮게 유지되도록 하는 것이 유리하다.

- 볼의 위치

볼의 위치는 스탠스 중앙에서 약간 왼쪽으로 리드 발(오른손잡이의 경우 왼발)의 안쪽 뒤꿈치의 앞에 두는 것이 좋다.

- 클럽 페이스

클럽 페이스는 약간 오픈(1시 방향)하여 클럽의 리딩 에지 라인이 리드 발(오른손잡이의 경우 왼발)의 엄지발가락 방향을 향하도록 하는 것이 좋다.

- 손의 위치

손의 위치는 벨트의 버클 앞에 위치하도록 하여 그립한 손이 볼보다 타깃 방향으로 앞에 위치(핸드 퍼스트)하지 않도록 하는 것이 좋다.

③ 벙커 스윙

벙커 스윙은 기본적으로 어깨의 회전을 이용한 스윙이 바람직하다.

첫 번째는 클럽 페이스를 오픈한 상태가 유지되도록 백스윙을 하는 것이다.

두 번째는 벙커 샷을 할 때 클럽 페이스와 볼이 접촉하지 않도록 볼 5㎝ 후방 지점을 클럽의 바운스로 모래가 먼저 타격되도록 해야 한다.

세 번째는 임팩트 후에는 왼 손목이 약간 굽어지게(스쿠핑) 하여, 손목이 돌아가지 않고 클럽 페이스가 하늘을 보도록 하는 것이 좋다.

네 번째는 다운스윙 시에 모래 뒤를 강하게 치려고 너무 빠르게 클럽헤드를 가속하지 말아야 하고, 부드러운 스윙 리듬을 유지하면서 반드시 피니시 자세까지 스윙하여야 한다.

이때 볼이 너무 멀리 날아갈 것을 우려해 임팩트 시 클럽을 감속시키지 않도록 해야 한다.

백스윙 시에 클럽 페이스 오픈   임팩트 후 클럽 페이스가 하늘을 보는 샷

9. 퍼팅

쇼트 게임에서 가장 중요한 것은 퍼팅이다. 티샷이나, 페어웨이 샷, 어프로치 등은 다음 샷이 기다리고 있지만 그린에서 퍼팅 이외에는 더는 스코어를 줄일 수 있는 길이 없다. 그래서 퍼팅이 그만큼 중요하다는 것이다.

이 때문에 골프 레전드들이 '퍼팅은 또 하나의 골프 게임'이라고 할 만큼 퍼팅의 중요성을 강조했다.

퍼팅이란 그린에 놓인 볼을 홀(컵)이 있는 방향과 거리에 이르도록 정확히 스트로크하는 것인데, 퍼팅에서 가장 중요한 요소는 무엇일까? 중요한 요소는 여러 가지가 있지만, 무엇보다 중요한 것은 볼을 목표 방향으로 똑바로 보내는 것이다.

볼을 똑바로 보내기 위해서는 퍼터 클럽 페이스의 스위트 스폿으로 정확하게 공을 임팩트한 후에 클럽 페이스의 각도가 좌우로 변하지 않고, 타깃에 직각인 면(스퀘어)으로 움직이게 하는 것이다.

볼을 목표 방향으로 똑바로 보내기 위해서는 자기 자신에게 맞는 올바른 퍼팅 그립과 어드레스 자세 그리고 스트로크를 가지도록 하는 연습이 필요하다.

집중, 집중, 집중

왜 퍼팅은 다양한 퍼팅 그립이나 셋업 자세를 허용할까?

그것은 퍼팅이 선수들 간의 신체적, 정신적 차이에 의한 영향을 많이 받기 때문이다. 즉, 신장, 좌우 시력, 신체의 유연성, 그리고 근육의 발달뿐만 아니라, 퍼팅 시의 느낌(Feeling)까지 개인적 차이가 퍼팅의 성공률에 미치는 영향이 크기 때문이다.

결국, 퍼팅은 개인적 다양성을 비교적 폭넓게 허용하는 영역이기 때문에 많이 연습하고, 고민하면서 자신에게 맞는 최적의 방법을 찾는 것이 중요하다.

1) 퍼팅 그립

일반적으로 퍼팅을 잘하기 위해서 가장 중요한 것은 퍼터의 스위트 스폿에 공이 정확하게 임팩트 되게 하는 것이다.

이러한 임팩트를 위해서는 임팩트 전후에 손목을 꺾거나 회전하지 않아야, 클럽 페이스가 타깃에 스퀘어로 움직여 볼을 목표 방향으로 똑바로 보내는 데 유리하다. 이것이 퍼팅 그립이 파워 그립과 근본적으로 다른 이유이기도 하다.

파워 그립은 스윙할 때 손목을 이용하여 클럽 스피드를 최대로 높일 수 있는 핑거 그립을 주로 사용한다면, 퍼팅 그립은 임팩트 시에 손목의 움직임을 억제하고, 손이나 손목으로 하는 클럽 컨트롤을 줄이도록 팜 그립을 기본으로 해서 다양한 그립 방법으로 발달하여 왔다.

그리고 그립을 최대한 가볍게 잡아야 손목을 적게 쓰게 되고, 클럽 페이스가 타깃에 스퀘어로 움직이는 데 도움이 되도록 잡아야 한다.

퍼팅 그립은 다음과 같이 기본적인 6가지 그립 방법에서 자신에게 맞는 방법으로 조금씩 변형되면서 오늘날 다양한 퍼팅 그립으로 발전해 왔다.

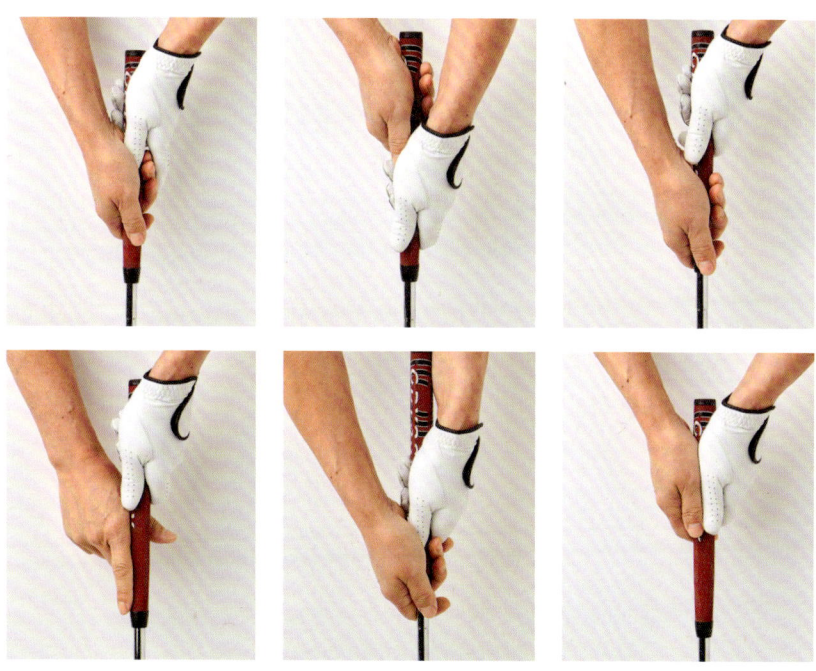

다양한 퍼팅 그립

▶ 리버스 오버랩 그립

전통적인 파워 골프 그립의 리버스 스타일로 오른쪽 새끼손가락(오른손잡이의 경우)이 왼쪽 집게손가락 위에 놓이는 일반적인 오버랩 그립 대신, 왼쪽 집게손가락이 오른쪽 새끼손가락 위에 놓이기 때문에 리버스 오버랩이라고 한다.

이 그립은 지배적이던 손(왼손)이 비(非)지배적으로 바뀌면서 왼 손목을 쓰지 않아 클럽 페이스가 타깃에 스퀘어로 움직이는 데 최적이 될 수 있는 균형 잡힌 스윙을 제공하고, 기존 파워 그립과 유사성이 높아서 골퍼들 사이에 가장 일반적으로 많이 사용되는 그립 형태이다.

▶ 크로스 핸드 퍼팅 그립

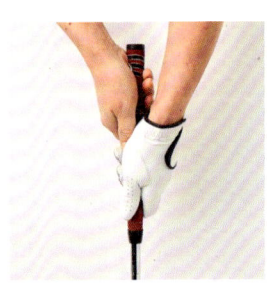

오른손잡이 골퍼의 경우 왼손이 오른손 아래(일반 그립의 반대) 퍼터에 놓이는 것을 말하는데, 스트로크 중에 과도하게 오른손(오른손잡이의 경우)을 사용하거나, 왼 손목이 꺾이는 골퍼에게 적합한 그립이다. 이 그립은 퍼터 헤드를 타깃 라인에 스퀘어로 유지하는 데는 이상적이지만, 퍼팅 속도와 거리를 맞추기에 어려움이 있다.

▶ 스플릿 핸드 또는 하키 스타일 퍼팅 그립

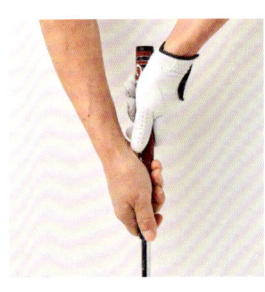

분할 손 그립이라고도 하는 이 그립은 기본적으로 기존 그립 스타일과 거의 같지만, 기존 그립은 주로 왼손으로 퍼터의 상단을 잡고 왼팔을 몸에 대고 고정하는 반면, 스플릿 핸드(하키 스타일 퍼팅 그립)는 주로 오른손을 이용하여 퍼터를 컨트롤하는 그립을 말한다.

손 사이의 간격이 가까워지더라도 클럽 페이스를 스퀘어로 가져가기 쉽고, 양 손목 사용을 억제하여 퍼터에 대한 제어력을 높여 더 정확하게 퍼팅할 수 있도록 하는 그립이다.

▶ 클로(Claw) 퍼팅 그립

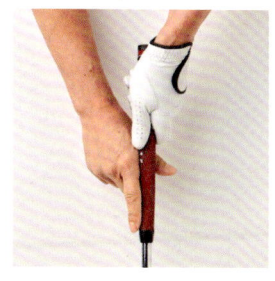

오른손 모양으로 인해 흔히 집게 그립이라고 하며 또는 펜슬 그립이라고도 하는데, 기본적으로 스플릿 핸드 그립 스타일의 변형으로 오른손(오른손잡이 골퍼의 경우)이 퍼터에 놓이는 방법에는 여러 가지가 있다. 그러나 왼손은 항상 같은 방식으로 클럽을 잡고 엄지손가락이 퍼터 그립 위에 평평하게 놓이도록 한다. 이 그립은 왼 손목을 적게 쓰고, 펜듈럼(Pendulum: 진자, 추) 스트로크를 쉽게 해주는 그립 형태이다.

▶ 암(Arm) 잠금 퍼팅 그립

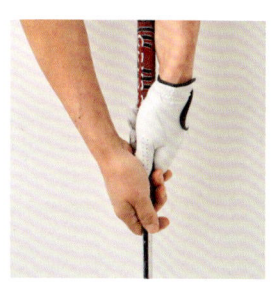

암 잠금 퍼팅 그립은 스트로크 중에 손의 움직임을 최소로 하는 그립의 한 형태로 이 그립은 퍼터의 핸들이 왼쪽 팔뚝 안쪽에 고정되고(오른손잡이 골퍼) 퍼팅 스트로크가 끝날 때까지 퍼터 그립의 끝부분이 왼쪽 팔뚝과 밀착된 상태를 유지해야 한다. 양손의 그립의 악력이 상대적으로 다른 그립에 비해 높은 것이 이 그립의 또 다른 특징 중의 하나이다. 이 그립은 퍼팅 스트로크를 할 때 왼손을 많이 쓰거나, 왼 손목이 꺾이거나 퍼팅에 입스가 생길 때 효과적으로 활용할 수 있는 그립이다.

▶ 기도 퍼팅 그립

손바닥이 서로 마주 보고 기도하는 손 모양을 하고 있다고 해서 기도 그립이라 부

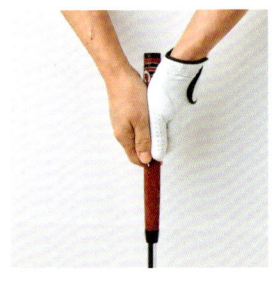
른다. 전통적인 그립에서 손바닥이 서로 마주 보게 하고, 양손 엄지가 클럽 전면에 나란히 놓이는 것이 특징이다. 이 그립은 양손의 일체감을 높여 주고, 양손의 사용을 같이 억제하여 펜듈럼(Pendulum) 스트로크가 좀 더 효과적으로 될 수 있도록 하는 그립이다.

2) 퍼팅 어드레스

퍼팅은 아주 쉬워 보이지만, 실패 시 상대적으로 좌절감을 가장 많이 느끼게 하는 게임이다.

그렇지만 퍼팅은 파워 스윙처럼 뛰어난 힘이나 스윙 기술이 필요하지 않기 때문에 누구나 프로 골퍼와 경쟁을 할 수도 있고, 연습에 따라 스코어를 많이 줄일 기회의 영역이기도 하다.

그래서 다른 골프 스윙과 마찬가지로 퍼팅을 위한 어드레스 즉, 준비 자세가 중요한데, 잭 니클라우스는 "스트로크를 시작하기 전에 90% 이상의 골프 오류가 발생한다"라고 했고, 또 어떤 코치는 "어긋나거나 자세가 나쁘면 퍼터가 제 위치로 가지 않을 것이므로 보상 동작이 필요해진다"라고 말했다.

이는 퍼팅 어드레스의 중요성을 강조한 것으로, 퍼팅은 스트로크가 작고 짧은 시간에 모든 것이 끝나기 때문에 퍼팅 어드레스를 잘못하면 스트로크 중에는 고치기 어렵고, 바르게 한다면 퍼팅을 성공시킬 수 있는 합리적인 기회가 많아진다는 이야기이기도 하다.

퍼팅의 올바른 어드레스 자세는 퍼팅의 핵심적인 요소로 자신이나 보는 사람이 편안함을 느낄 수 있는 균형 잡힌 자세가 되어야 한다.

그렇지 않다면 그 영향이 퍼팅 스트로크에 나타나고, 나쁜 결과로 이어지기 쉽다. 좋은 어드레스 자세를 배우고 나서도 편안함을 느끼지 못하고 어색함을 느낀다면, 그것은 연습량이 부족하여 나타나는 현상일 수 있으므로 우선 편안해질 때까지 연습을 하는 것이 좋은 방법이다.

퍼팅 어드레스의 중요 포인트는 위의 사진에서 보는 바와 같이

첫 번째는 상부 등(상부 척추)이 지면과 수평으로 유지되도록 상체를 숙이는 것이 좋다. 이렇게 하면 퍼팅 스트로크 시에 바디의 어떤 부분의 방해도 받지 않고 척추를 중심으로 어깨 회전을 할 수 있어, 퍼터 페이스가 타깃에 스퀘어 상태로 앞과 뒤 방향으로 움직이는 스트로크를 원활하게 할 수 있다.

둘째는 눈 바로 아래에 볼(클럽의 스위트 스폿)이 오도록 하여야 한다.

이렇게 되면 어드레스 상태에서도 고개를 돌려 타깃을 볼 때 타깃 라인을 양 눈이 일직선으로 볼 수 있어, 착시에 의한 방향 오류를 방지할 수 있을 뿐만 아니라 자연스럽게 팔의 상부 겨드랑이 부분이 몸통에 밀착이 되고, 손이 자연스럽게 어깨 아래에 놓이게 된다.
셋째로 팔을 아래로 늘어뜨렸을 때 자연스럽게 어깨 아래에 손이 위치하게 하여야 한다. 이렇게 어깨 아래에 자연스럽게 손을 늘여뜨린 위치에서 그립을 하면, 인위적으로 손의 위치를 변경하는 과정에서 어깨나 손에 힘이 적게 들어가고, 그래서 일관성 있고, 부드럽고 자연스러운 스트로크를 만들 수 있다.
마지막으로 양발의 스탠스는 어깨의 너비보다 넓지 않게 하는 것이 좋다.
이렇게 하면 무릎에 유연성을 두고, 양 발바닥에 체중이 균등하게 분포되어 스트로크 시에 하체가 고정되면서 몸의 안정성이 높아져서 흔들리지 않는 스트로크를 만들 수 있어 퍼팅의 성공률을 높일 수 있다.

3) 퍼팅 스트로크

그럼 퍼팅 스트로크를 잘하기 위한 핵심은 무엇일까?
쇼트 게임의 대가로 유명한 미국의 데이브 펠츠의 조사에 의하면 골퍼의 약 90%가 퍼팅 시작 전에 페이스 앵글의 정렬을 잘못하는 실수(에러)를 발생시키는 반면, 퍼팅 라인 에러를 하는 골퍼는 약 20%에 불과하다고 한다.
그리고 골퍼의 75%가 퍼팅 임팩트 시에 볼을 스위트 스폿으로 타격하지 못하여 스피드 에러를 발생시키는 반면, 단지 20%가 볼 라인 에러를 범한다고 한다.
결과적으로, 퍼팅의 핵심은 스트로크를 준비하는 단계에서 클럽 페이스를 타깃 방향을 향해 정확하게 정렬하고 나서, 퍼터가 스위트 스폿에 정확하게 임팩트가 되도록 퍼팅 스트로크를 잘하는 것이다.
그럼 퍼팅 스트로크를 가장 안정적으로 잘하는 방법으로는 어떤 것이 있을까?
퍼팅 스트로크에는 일반적으로 펜듈럼 스트로크와 피스톤 스트로크라는 두 가지 기본이 되는 방법이 있는데, 퍼팅 장비의 발달과 빨라진 그린 스피드로 인해 요즘은 대부분의 투어 골퍼들이 팬듈럼 스트로크를 선호하는 편이어서, 전통적인 피스톤 스트로크를 하는 선수들을 PGA 경기에서도 보기가 어려운 실정이다.

펜듈럼 스트로크는 다음 사진처럼 어깨, 팔, 손목, 손이 하나처럼 형성된 퍼팅 트라이앵글이 상부 목 밑 척추(또는 머리)를 중심으로 퍼터를 스트레이트 백 스트레이트 스루가 되도록 진자운동을 하는 것을 말한다. 이 방법은 압박감이 있는 상황에서도 가장 확실하고, 일관되게 퍼팅을 하는 방법으로, 투어 플레이어들이 가장 선호하는 기술이기도 하다. 펜듈럼 스트로크는 시계추처럼 움직이는 것을 의미한다.

팬듈럼 스트로크(Pendulum Stroke)

일반적으로 많이 활용되는 이 펜듈럼 스트로크를 잘하기 위해서는
- 어깨, 팔, 손목, 손이 하나로 움직일 수 있는 퍼팅 트라이앵글을 만든다.
- 피벗 포인트(Pivot Point)인 상부 목 밑 척추를 중심으로 퍼터를 스트레이트-백, 스트레이트-스루가 되도록 진자운동을 한다.
- 백스윙과 폴로 스루의 길이를 같게(50:50) 하거나, 백스윙의 크기는 작고 상대적으로 폴로 스루를 좀 더 길게 하는 것이 좋다.

- 또한, 퍼팅 스트로크의 리듬은 항상 일정해야 한다. 즉, 짧은 1m 이내의 퍼팅을 할 때나 긴 10m 퍼팅을 할 때나 리듬이 같아야 한다는 것이다.
- 퍼팅의 거리는 자기만의 퍼팅 스트로크 크기에 따라 결정될 수 있도록 꾸준하게 연습하는 것이 중요하다.

피스톤 스트로크(Piston Stroke)

피스톤 스트로크는 가장 위대한 골퍼이자, 퍼팅을 잘하기로 유명한 잭 니클라우스가 퍼팅 스트로크 시에 오른팔을 피스톤처럼 움직인다 하여 붙은 이름이다.

피스톤 스트로크는 위 사진처럼 전체 퍼팅 스트로크 동안 오른쪽 팔꿈치가 피스톤처럼 움직이면서 동력을 만들고, 주로 사용하는 손바닥(오른손잡이의 경우 오른 손바닥)이 타깃 롤 라인을 향해 움직이도록 하는 퍼팅 스트로크를 말한다.

그래서 어떤 골퍼는 오른 손바닥으로 친다고 표현하기도 한다.

이때 왼쪽 팔뚝, 손목 및 손은 절대 구부러지지 않는 하나의 일체형 막대기로 생각해야 하고, 클럽헤드는 아크를 그리는 것이 아니고 타깃에 스퀘어를 유지하면서 낮게 직선운동이 되도록 해야 한다.

4) 퍼팅 스피드

퍼팅을 위한 준비를 잘하고, 스트로크를 잘하면 볼이 원하는 방향으로, 원하는 경사를 타고 홀을 향해 들어가야 하는데, 퍼팅 스피드가 달라지면 볼은 딴 방향으로 흘러 버리고 만다.

왜 그럴까? 핵심은 볼이 굴러가는 스피드에 있다.

퍼팅 라인도 볼 스피드에 따라 달라지고 달리 보여야 한다.

그래서 퍼팅을 잘하기 위해 꼭 기억해야 할 사항은 다음과 같다.

- 퍼팅은 퍼팅 라인보다 볼 스피드가 더 중요하다.

퍼팅 그린에서 많은 골퍼가 열심히 퍼팅 라인을 본다. 그런데 막상 퍼팅 스트로크를 하고 나서 볼이 홀에 들어가지 않으면, 자신의 볼 스피드의 문제점을 파악하기보다는 캐디가 퍼팅 라인을 잘못 봐 주었다고 짜증을 내는 아마추어 골퍼들을 많이 볼 수 있다.

정말 캐디의 잘못일까? 그런 경우도 간혹 있겠지만, 퍼팅은 퍼팅 라인보다 볼 스피드가 훨씬 중요하다. 그것은 볼 스피드에 따라 퍼팅 라인이 달라지기 때문이다.

특히, 옆 경사가 있는 그린에서는 퍼팅할 때 퍼팅 라인보다 볼 스피드가 더 중요하다. 2016년 세계골프과학회의(World Scientific Congress Golf)에서 발표된 실험 결과에 따르면, 볼과 홀 사이의 거리가 6m 떨어져 있고, 옆 경사가 있는 퍼팅 그린에서 50%의 퍼팅 라인의 오류와 10%의 볼 스피드 오류를 실험한 결과, 10%의 볼 스피드 오류가 50%의 퍼팅 라인 오류보다 훨씬 큰 거리 오차를 만드는 것으로 나타났다. 결과적으로 퍼팅 스피드의 중요성을 실험적으로 입증한 발표였다.

- 홀에 볼이 들어갈 수 있는 최대 속도는 홀을 지나갈 때 시속 2.9마일(4.7km)이다.

실험에 의하면 퍼팅에서 볼을 홀컵에 넣을 수 있는 볼 스피드는 최대 시속 2.9마일까지는 가능하다고 한다.

결과적으로 볼 스피드가 시속 2.9마일을 넘으면 아무리 정확하게 볼을 타깃 라인인 홀을 향해 치더라도 볼이 홀에 들어갈 수 없다는 것이다.

물론 요즘 골프 룰의 변경으로 깃대를 꽂아둔 상태에서 퍼팅할 수 있으므로 여건이 달라졌지만 볼 속도가 필요 이상으로 빠른 것이 좋지 않다는 이야기가 된다.
- 볼 속도가 빠를수록 홀에 볼이 들어갈 수 있는 홀의 유효 사이즈(직경)는 줄어든다. 아래 그림에서처럼 볼이 홀에 겨우 굴러떨어지는 경우(볼이 홀을 지나는 거리가 0인 경우)는 홀의 유효 직경이 본래의 홀의 크기인 108㎜가 되지만, 볼이 홀을 1피트(30.48㎝) 지나가게 되면 홀의 유효 직경이 66㎜로 확 줄어들게 된다는 것이다. 만약 볼이 홀을 4피트(1.22m) 지나치면 홀의 유효 직경이 골프볼의 직경 42.67㎜ 보다도 작은 약 23㎜로 크게 줄어들게 되어 사실상 볼이 홀에 들어갈 수 없게 되는 것이다.
결론적으로 볼이 홀을 지나 멀리 지나가게 칠수록 볼이 홀에 들어갈 수 있는 홀의 유효 직경이 아래 그림처럼 점점 작아지게 되는 것이다.

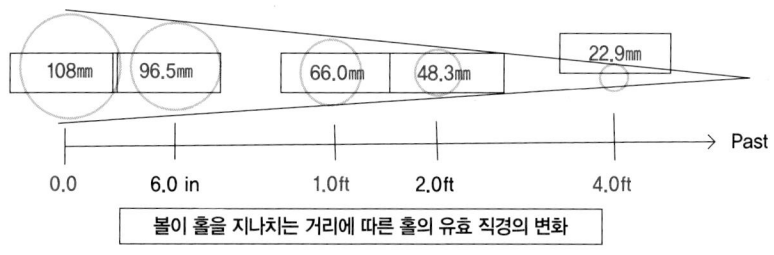

볼이 홀을 지나치는 거리에 따른 홀의 유효 직경의 변화

- 퍼팅한 볼의 최적 속도는 홀에서 17인치(43㎝) 스트로크하는 것이다.
그런데 일반적으로 퍼팅 레슨을 할 때, 퍼팅한 볼의 최적 속도는 홀에서 각각 17인치(43㎝)를 지나가게 볼을 스트로크하는 것이라고 가르친다. 그것은 앞의 설명과 상반되게 레슨을 하는 것인데 왜 그럴까?
퍼팅 그린에서 우리가 꼭 기억해야 할 것은 퍼팅 그린의 잔디는 살아 있고, 자라고, 변한다는 것이다.

그리고 특히 중요한 것은 홀컵 주위에 일명 럼피 도넛이라 불리는 선행 골퍼들의 수많은 발자국들이 생기고, 이러한 것들의 영향으로 홀컵을 향한 볼이 일정한 퍼팅 스피드를 가지지 않게 되면, 퍼팅이 짧아지거나 아니면 퍼팅 라인을 벗어나게 만들어, 결과적으로 퍼팅의 질을 떨어뜨린다는 것이다.

이러한 것들의 영향을 받지 않으려면 최소한 홀의 17인치(43㎝)를 지나도록 퍼팅을 하는 것이 유리한 것으로 입증되었다.

럼피 도넛(Lumpy Doughnut)

– 퍼팅 스피드를 맞추기 위해서는 스트로크의 밸런스와 리듬을 중요시하라.

퍼팅 스피드는 대부분 퍼팅 스트로크의 크기로 결정되는 것이 일반적이다. 통계에 의하면 프로들의 경우에는 백 스트로크와 포워드 스트로크가 34 : 66으로 백 스트로크가 작은 것에 반하여(백 스트로크가 작으면 임팩트 시에 퍼터의 스위트 스폿으로 볼을 치기가 쉬워짐) 아마추어의 경우는 전반적으로 백 스트로크의 크기가 크다고 한다. 그래서 백 스트로크는 빠르고 크게 하고, 포워드 스트로크는 속도를 낮추어 천천히 하여 볼을 짧게 보내거나, 아니면 빠른 속도로 스트로크를 하여 볼을 멀리 보내는 경우를 많이 보게 된다.

이러한 결과를 막기 위해서는 자신의 퍼팅 거리에 맞는 퍼팅 스트로크의 밸런스와 리듬을 지키기 위한 부단한 연습을 하여야 한다.

이때 스트로크의 크기는 50:50에서 포워드 방향이 약간 크게 밸런스를 유지하는 것이 좋다. 왜냐하면, 임팩트 시에 그라운드의 저항 등으로 약 10%의 에너지가 감소한다는 것을 고려하여 포워드 스트로크 시에 10% 정도 헤드 스피드를 가속해 주는 것이 퍼팅 밸런스를 유지하는 방법이 된다.

퍼팅은 쉽기도 하지만, 퍼팅을 잘하기는 참 어려운 것이다.

쇼트 게임 전문가 데이브 펠츠는 '말이 쉬운 퍼팅 미션'으로 "퍼팅 라인을 선정하여 퍼팅 라인 위로 볼을 출발시키고 올바른 스피드로 볼을 굴려라"라고 했다.

바디스윙이 골프스윙이다

CHAPTER 7
아마추어 골퍼들의 일반적인 스윙 특성 12가지

골프는 몸의 움직임에 의해 스윙이 만들어진다. 그래서 바디의 움직임이 중요하고, 골프스윙을 가장 효율적으로 하기 위해서는 바디가 제대로 작동하여야 한다. 그래서 바디스윙이 골프스윙이라고 하는 것이다.
이러한 바디의 움직임의 결과인 골프스윙을 하면서, 잘된 스윙과 잘못된 스윙에 대한 기준을 알아야 올바른 스윙을 할 수 있고, 다른 사람의 골프스윙도 볼 수 있을 것이다.

CHAPTER 7  몸의 움직임에 의해 스윙이 만들어진다

아마추어 골퍼들의 일반적인 스윙 특성 12가지

가장 일반적인 스윙 특성 12가지

골퍼의 가장 일반적인 스윙 특성은 무엇일까?

특히 아마추어 골퍼들의 잘못된 스윙 특성은 무엇일까?

타이틀리스트(Titleist)의 후원으로 설립되어 골프스윙과 인체 구조의 상관관계에 관한 전문적인 연구를 지속해 온 교육 기관인 TPI(Titleist Performance Institute)에서 2003년부터 수천 명의 골퍼의 스윙을 분석했다. 그래서 아마추어 골퍼와 PGA투어 선수들의 스윙을 비교해서 가장 일반적인 12가지로 스윙 특성을 분류, 정의하고, 특성별 이름을 지어서 현재는 하나의 골프 용어로 통용되고 있다.

이러한 스윙 특성 12가지 중에는 여러분들에게 다소 익숙한 이름도 있고, 생소한 이름도 있을 것이다.

특성별 정의와 잘잘못에 대한 그 발생 원인이 무엇인지를 정확하게 이해를 하고 연습을 하게 된다면, 본인의 실력 향상은 물론, 필요하면 동료나 친구들의 골프스윙을 보고 레슨을 할 수도 있을 것이다.

이 12가지 잘못된 골프스윙 특성을 소개하면 다음과 같다.

TPI 세미나 전경

TPI 창설자 DR. 그렉 로즈와 함께

TPI 교육관

1. S-자세

다른 스포츠와 마찬가지로 골프스윙은 준비 자세에서 시작되는 만큼 자기 자신의 신체 조건에 맞는 준비 자세가 무엇보다 중요하다.

골프스윙은 준비 자세에서 진화하고, 좋은 준비 자세는 성공을 보장하지는 않지만, 성공할 기회를 크게 향상시킨다. 이렇게 중요한 준비 자세에서 척추의 각도와 모양은 어떻게 하는 것이 좋을까?

일반적으로 어드레스 자세에서 척추의 모양은 다음 페이지 사진에서처럼 척추가 직선으로 된 올바른 자세와 C-자세(C-Posture), S-자세(S-Posture) 등 3가지 형태로 구분할 수 있다.

| 올바른 자세 | C-자세 | S-자세 |

먼저 S-자세에 대하여 설명하자면,

S-자세는 골퍼가 어드레스 자세에서 꼬리뼈를 위로 밀어 올려서 허리에 너무 많은 아치를 만들어서 발생하는 자세를 말한다. 아마추어 골퍼의 25.3%가 이 특성이 있다고 하는데, 이 자세는 특히 여성 골퍼들에게 많이 나타나는 특성이기도 하다.

S-자세는 허리 근육에 비정상적으로 높은 스트레스를 가하고 복근을 이완시키면서 나타난다. 이러한 자세로 백스윙을 하게 되면, 백스윙 시에 가슴이 지나치게 열리게 되어 자세를 잃거나, 백스윙 톱에서 척추의 각도가 타깃 쪽으로 기울어지며(Reverse Spine Angle) 가슴이 많이 열리는 자세가 되기 쉽다.

그렇게 되면 하체가 다운스윙에서 제자리에서 벗어나 골반이 리드하는 다운스윙이 어렵고, 팔이 주도하는 엎어치기 스윙을 만들어 주로 슬라이스 탄도가 발생하게 된다.

S-자세의 특성을 판단하는 방법은 다음 사진에서처럼 목뼈(경추)의 아랫부분에서 꼬리뼈까지 일직선을 긋는 것이다. 만약, 척추의 아랫부분에 공간이 생기면 S-자세를 가지고 있다고 할 수 있다.

올바른 자세   S-자세

S-자세의 발생 원인은 다음과 같다.

① 하부 교차 증후군(Lower Crossed Syndrome)이 있으면 S-자세가 발생하기 쉽다.

> 하부교차증후군이란 의자에 장시간 앉아 있으면 자연스럽게 등근육(척추 세움근)과 허벅지 앞 근육(고관절 굴곡근)이 활성화되어 강해지는 반면, 엉덩이 근육(대둔근)과 복근이 약해지는 현상을 말한다.

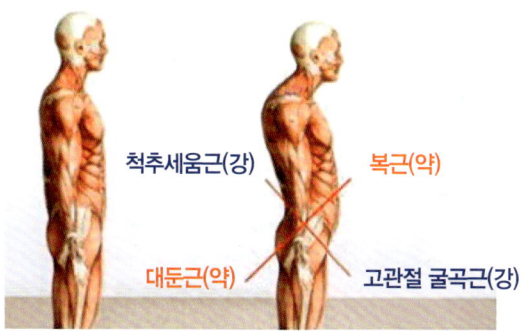

하부 교차 증후군

② 올바른 어드레스 자세를 잘 이해하지 못할 때 발생한다.

즉, 다운스윙에서 팔이 움직일 수 있는 공간을 더 많이 확보하기 위해 어드레스 자세에서 엉덩이를 뒤로 내밀거나 꼬리뼈를 추켜올리는 것을 올바른 자세로 알고 있는 경우 잘못된 동작이 발생한다.

③ 등 근육과 비교하여 복부 근력이 부족하거나 복부 근육이 이완되는 경우.

④ 몸통을 똑바로 세우고 무릎을 너무 많이 구부릴 때 발생한다.

S-자세는 주로 등근육에 힘이 많이 들어가는 현상이므로, 중립 자세(올바른 자세)를 쉽게 만들려면, 등근육(척추 세움근)과 배근육(복근)이 서로 균형이 이루어지도록 배가 등 쪽으로 들어가게 배근육(복근)에 힘을 주면 된다.

S-자세를 방지하는 훈련 방법은 운동을 통해 골반 및 코어 근육을 보강하는 것이다. 골반을 이용한 코어 근육 강화 운동법은 다음과 같다.

① 캐츠 & 도그(Cats and Dogs)

캐츠(고양이) & 도그(개) 자세

위 사진에서처럼

상향(고양이) 단계: 부드럽게 숨을 내쉬면서 천천히 꼬리뼈를 아래로 집어넣고, 복부 근육을 사용하여 척추를 천장을 향해 위로 밀어 고양이 등 모양을 만든다.

하향(개) 단계: 복부 및 허리 근육을 사용하여 꼬리를 천장 쪽으로 기울여 중간 및 허리보다 아치를 높인다. 개 스트레칭처럼 복부가 바닥을 향해 늘어나도록 한다. 각 단계는 천천히 해야 하고, 시작 자세로 돌아가기 전에 3~5초 동안 이 자세를 유지하고 반복(3~5회)해서 시행하는 것이 좋다.

② 벨트 레벨 조절하기

벨트 중립 　　　　　　　벨트 아래로 내리기 　　　　　　　벨트 위로 올리기

위 사진처럼 어드레스 자세를 취한 상태에서 두 팔을 가슴 앞에 X자로 모으고, 중립 자세(척추가 일직선)에서 천천히 벨트의 레벨을 아래로 내렸다가 중립 자세로 돌아가고 다시 벨트를 위로 올려 수평이 되게 반복하면 둔근육(엉덩이 근육) 활성화와 골반 주변 근육 강화에 아주 좋다.

각 단계는 천천히 해야 하고, 시작 자세로 돌아가기 전에 3~5초 동안 이 자세를 유지하고 반복(3~5회)해서 시행하는 것이 좋다.

이 운동을 반복하면, S-자세를 방지할 뿐만 아니라 스윙 시에 골반의 움직임을 더 원활하게 하여 파워 스윙에도 큰 도움이 된다.

2. C-자세

잭 니클라우스는 "어드레스 자세가 골프에서 차지하는 비중이 40%"라고 하면서 어드레스의 중요성을 강조했는데, C-자세는 시니어 골퍼들에게서 많이 볼 수 있는 자세로 아마추어 골퍼들의 33.1%가 어드레스 시에 C-자세의 특성을 보여주고 있어, S-자세(S-Posture)보다 발생 빈도가 높은 스윙 특성이다.

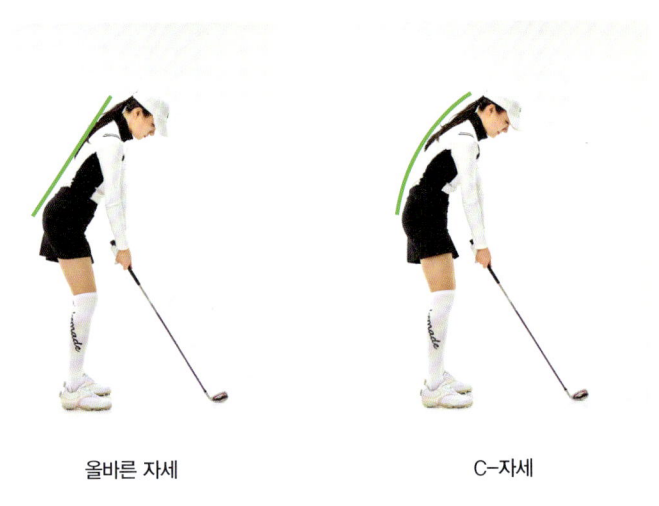

올바른 자세   C-자세

이 자세는 위의 사진에서 보는 바와 같이 두 개의 큰 특성을 보여주고 있는데, 하나는 어깨와 어깨가 연결되는 양 어깨선이 둥글게 휘어 있고, 두 번째는 목 아래쪽에서부터 꼬리뼈까지의 척추가 C자 형태로 둥글다는 것이다.

C-자세는 종종 일상생활에서 잘못된 자세 습관에 의해서 발생하기 때문에 교정하기가 쉽지 않다.

어드레스 시에 위 사진에서처럼 C-자세를 하게 되면 척추를 중심으로 하는 회전이 제한되기 때문에 완전한 백스윙과 피니시를 만들기 어렵게 된다.

그래서 보상 동작으로 백스윙을 크게 하려고 백스윙에서 벌떡 일어나는 로스 오브 파스처나 다운스윙에서 '행 백(Hang Back)' 등을 하게 되는데, 그 결과로 미스샷이 나거나 거리 손실이 크게 발생한다. 또한, C-자세처럼 몸통이 둥글면 복근에 힘을 줄 수가 없어 파워 스윙도 어려워진다.

C-자세를 진단하는 방법은 다음과 같다.
아래 그림처럼 목뼈(경추)의 아랫부분에서 꼬리뼈까지 일직선을 그어서, 등의 중앙 부위에서 목뼈 아랫부분 사이에 등의 일정 부분이 일직선 위로 올라오는 부분이 있으면 C-자세를 갖고 있다고 할 수 있다.

C 자세가 발생하는 원인은 다음과 같다.
① 아래 그림처럼 오랜 잘못된 생활 자세에서 오는 상부 교차 증후군(Upper Crossed Syndrome)이 C-자세를 유발시킨다.

> 상부교차증후군이란 의자에 장시간 앉아 있으면 자연스럽게 상부 승모근과 흉근이 활성화돼 강해지는 반면, 상부목굴근과 하부 승모근이 약해지면서 등의 상부가 굽어지는 현상을 말한다.

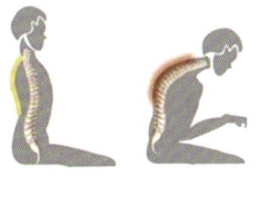
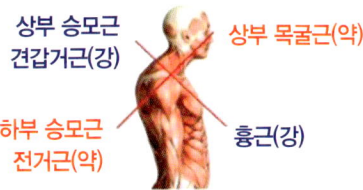

바른 자세   상부교차증후군

② 올바른 어드레스 자세를 잘 이해하지 못할 때 발생한다.
③ 키에 비교해 상대적으로 너무 짧은 클럽을 사용하면 발생하기 쉽다.
④ 골반에 장애가 있어 골반을 굽히지 못하게 되면, 상대적으로 척추를 굽히게 되어 C-자세가 발생한다.

C-자세를 방지하고 바른 어드레스 자세를 만드는 방법은?
① 어깨와 상부의 힘을 빼고 발을 어깨 너비로 해서 바르게 선 자세에서 골반(엉덩이) 부위에 클럽을 옆으로 대고 골반 부위만을 접어서 상체를 앞으로 숙인 자세에서 복근에 약간의 힘을 주면 자연스럽게 복근과 등근육이 힘의 균형을 이루면서 올바른 어드레스 자세가 된다.

② 아래 사진처럼 바르게 선 자세에서 양팔을 올려 W자 형태로 하면 자연스럽게 어깨와 등이 바르게 펴진다.
이 상태에서 골반 부위만을 접어 어드레스 자세를 취하면 C-자세가 해소될 수 있다.

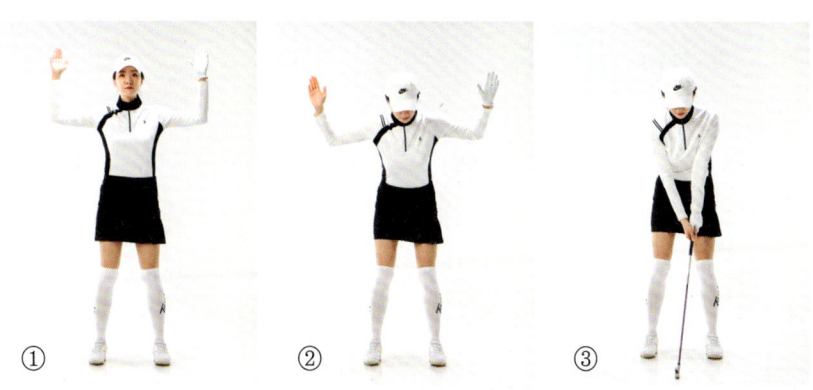

③ 아래 사진처럼 똑바로 서서 클럽헤드를 꼬리뼈에 대고 그립을 머리 뒤쪽에 대면, 견갑골이 등 뒤쪽에 모이게 되면서 자연스럽게 어깨와 등이 바르게 펴진다.
클럽이 머리와 허리 / 꼬리뼈에 계속 닿도록 하고, 골반(엉덩이)만 꺾어 상체를 구부리면, C 자세가 아닌 좋은 골프 자세를 만들 수 있다.

C-자세와 S-자세는 주로 의자에 오래 앉아 근무하는 우리의 생활 방식의 부산물이다.

잘못된 자세로 너무 많이 앉아서 생활하고, 이것이 노화 과정으로 이어지면서 우리 몸의 근육의 불균형이 이루어지면서, 골프 자세에도 영향을 미치게 되는 것이다.

평소 생활 자세를 바르게 하고, 또 어드레스 시에는 어떻게 하는 것이 올바른 자세인지를 이해하고, 꾸준히 실천하는 것이 중요하다.

골프는 올바른 어드레스 자세에서 진화된다. 그리고 올바른 어드레스 자세는 척추의 회전을 최대 30%까지 증가시켜 비거리를 늘릴 수 있게 해준다.

3. 로스 오브 파스처(Loss of Posture, 자세 상실)

아마추어 골퍼들이 공을 잘 맞히지 못하는 12가지 스윙 특성을 발생 빈도가 높은 순서대로 설명하면 첫 번째로 거론되는 것이 **로스 오브 파스처**이다.

이 자세는 가장 나쁜 스윙 자세로 아마추어 골퍼들 10명 중 6~7명(64.3%)이 이러한 자세로 어려움을 겪고 있는 스윙 특성이다.

다음 페이지 사진에서처럼, 셋업에서 잘 만들어진 자세가 백스윙을 하면서 몸의 자세가 크게 바뀌고, 이 나쁜 자세가 임팩트까지 영향을 미치게 되는 것을 말한다.

좀 과장해서 표현하면, 백스윙 시 벌떡 일어서면서 클럽을 들어 올리는 자세가 되어, 다운스윙 시 척추를 중심으로 한 스윙 플레인을 만들지 못하게 되어, 임팩트 시에 미스샷을 하게 되는 대표적인 잘못된 스윙 동작이다.

로스 오브 파스처를 쉽게 구분하려면 다음 2가지를 파악하면 된다.

첫 번째로 다음 페이지 사진처럼 우선 세 개의 선을 그어서 보면 판단하기가 쉽다.
① 머리 중앙에서 골반(엉덩이)까지 선을 연결하고
② 골반(엉덩이) 중앙에서 무릎 중앙까지
③ 무릎 중앙에서 발목 중앙까지 선을 긋는다.

바른 자세 　　　　　　　　　로스 오브 파스처

셋업(Setup) 자세에서 만들어진 이 세 개의 선의 각도가 백스윙하면서도 변하지 않아야 하는데, 이 선의 각도가 위 사진의 적색처럼 변하거나(커지거나), 셋업 자세에서의 머리의 높이가 백스윙 톱에서 위로 1인치만 들려도 로스 오브 파스처라고 말할 수 있다. 프로들의 경우는 오히려 아래 사진처럼 백스윙 톱에서 약간 웅크린 자세로 척추 각을 다소 줄이거나, 머리를 약간 낮게 하여 다운스윙을 준비한다.

머리가 약간 낮음

이러한 로브 오브 파스처가 발생하는 주요 원인은
- 백스윙할 때 스윙의 경로가 올바르지 않거나,
- 백스윙의 속도와 리듬을 무시하고 너무 빠르게 팔로 클럽을 들어 올리거나,
- 골반을 미리 돌려 백스윙을 하는 경우
- 클럽이 너무 길거나 무거울 때(특히 어린이나 여성의 경우) 등이다. 이러한 자세가 스윙의 밸런스나 리듬을 포함해, 골프스윙의 모든 부분에 영향을 미친다.
따라서 그에 따른 보상 동작으로 다운스윙 시에 클럽을 손으로 조절하여 공을 타격하게 되는데, 이렇게 하면 결과적으로 파워나 방향성 등 모든 것을 잃게 된다.

4. 플랫 숄더 플레인(Flat Shoulder Plane)

아마추어 골퍼들이 4번째로 많이 나타내는 스윙 특성은 무엇일까?

바로 플랫 숄더 플레인이다.

우리말로는 '평평한 어깨면'으로 표현할 수 있는데, 영어로 된 용어라 다소 생소하겠지만, 골프 연습장에서 많이 볼 수 있는 자세일 것이다.

올바른 백스윙 톱

플랫 숄더

아마추어 골퍼들의 45.2% 즉, 10명 중 5명이 이 스윙 특성을 보이지만 프로 골프선수들에게는 거의 찾아볼 수 없는 스윙 특성이다. 앞서 나온 사진처럼 백스윙 톱에서 왼쪽 어깨(오른손잡이의 경우)가 높이 들리면서 오른쪽 어깨 높이와 거의 같아지거나, 양어깨의 높이가 평평해지는 것을 말한다.

플랫 숄더 플레인의 또 다른 특징은 척추를 곧추세운다는 것인데, 이러한 스윙 자세를 만들게 되는 심리적 특성은 개별적인 차이는 있겠지만, 더 큰 백스윙을 만들려고 팔을 높이 들어 올리다 보면, 자연스럽게 일어서면서 척추가 펴지고, 왼쪽 어깨가 들리면서 결과적으로 플랫 숄더 플레인이 된다.

백스윙을 크게 하여 거리를 더 내고 싶다면, 클럽을 높이 드는 것이 아니라 백스윙 때 어드레스 자세를 유지한 상태에서 상체의 꼬임이 많이 되게 하는 것이 더 중요한 요소이다.

백스윙 톱에서 왼쪽 어깨가 턱밑에 여유 있게 놓여 있는지를 확인하는 것이 백스윙의 완성을 확인하는 가장 좋은 방법이다.

그럼 어떤 경우를 플랫 숄더 플레인이라고 정의할까?
플랫 숄더 플레인을 판단하기 위해서는 다음 페이지 사진에서처럼, 백스윙 톱의 정지된 자세에서 양쪽 어깨를 연결하는 선을 그어서 이 선이 어드레스 시의 샤프트 면과 평행하거나, 이 선의 연장 점이 골프 볼 앞에서 4피트 안쪽을 가리켜야 하는데, 그렇지 않고 골프 볼 앞 4피트가 넘는 경우를 플랫 숄더 플레인이라고 한다.

이러한 플랫 숄더 플레인이 있으면 백스윙을 하는 과정에서 어드레스 때의 척추 각도가 변하면서 척추를 중심으로 한 스윙의 효율이 감소할 뿐만 아니라, 다운스윙 할 때 클럽 페이스로 공을 맞히기 위하여 몸과 손으로 보상 동작을 해야 하므로 공의 정확성과 파워를 잃게 된다.

플랫 숄더 플레인 정의

플랫 숄더 플레인이 발생하는 원인은 여러 가지가 있겠지만 주요 원인을 요약하면,
① 어드레스 자세를 취할 때 상체를 충분히 앞으로 숙이지 않을 경우
② 백스윙할 때 팔과 손목을 이용하여 클럽을 들어 올릴 경우
③ 상체와 하체의 분리 능력이 부족하여 상체를 회전시키는 대신 몸이 일어서게 되는 경우 등이다.

플랫 숄더 플레인을 방지하기 위한 간단한 연습 방법은, 다음 사진처럼 어드레스

플랫 숄더 플레인 방지 훈련

자세에서 클럽을 잡거나 맨손으로 골반의 움직임을 최대한 억제한 상태에서 좌우로 어깨를 회전하는 것이다.

그러면 자연스럽게 스윙 중에 만들어야 하는 어깨 회전면에 대한 이해에 도움이 될 뿐만 아니라 몸의 유연성 향상에도 큰 도움이 되니 꾸준히 연습해 보길 바란다.

5. 얼리 익스텐션(Early Extension)

얼리 익스텐션을 우리말로 표현하기는 쉽지 않다. 번역하면 '일찍 일어서기'라는 표현일 수도 있지만, 골프스윙의 행동적인 특성으로 표현한다면 '배치기'나 '벌떡 샷'이 이해가 쉬울 수도 있다.

아무튼, 얼리 익스텐션을 하나의 골프 용어로 이해하고, 그대로 사용하는 것도 글로벌 시대에 소통을 위해서는 나쁘지 않으리라고 생각된다.

얼리 익스텐션은 로스 오브 파스처의 한 형태로 골프 연습장에 가면 많이 볼 수 있는 스윙 모습이다.

어드레스 자세   얼리 익스텐션

아마추어 골퍼들 10명 중 6~7명은 이러한 자세로 열심히 볼과 씨름하는 모습을 볼 수 있는데 이 스윙의 특성은 앞서 나온 사진에서 보여주는 것처럼 다운스윙에서 골퍼의 고관절이나 척추가 임팩트 자세로 가기 전에 너무 일찍 펴지거나 일어서기를 하면서 엉덩이가 볼과 가까워지는(하체가 앞쪽으로 이동), 일종의 달려드는 형태의 스윙이라고 정의할 수 있다.

이 자세를 확인하기 위해서는 측면에서 스윙 과정을 비디오로 찍어서 분석하면 쉽게 알 수 있다.

셋업 자세에서 몸 뒤쪽의 엉덩이에 맞추어 수직선을 그리고, 이 선에서 골퍼의 몸이 백스윙 톱과 다운스윙 그리고 임팩트까지 오는 과정에서 떨어지는지 아닌지를 확인하면 된다.

만약 임팩트 시에 이 선에서 몸이 떨어진다면 스윙 시 얼리 익스텐션이 된다고 말할 수 있다.

얼리 익스텐션은 왜 나쁜가?

일반적으로 다운스윙을 할 때 팔이 막히는 느낌이 든다거나, 릴리스나 피니시까지 자연스럽게 클럽헤드를 던질 수 없다고 하소연하는 경우에는 우선 얼리 익스텐션 여부를 체크해 보는 것이 좋다.

그 이유는 이 스윙 특성을 가지게 되면 하체가 팔이 움직여야 할 위치로 미리 이동해 있으므로 팔을 자연스럽게 움직여 정상적인 스윙 궤도를 만들 수 없기 때문이다. 이렇게 되면 정상적인 스윙을 하지 못하게 되어 클럽으로 볼을 맞히는 것에 급급하여 손과 팔로 스윙 궤도를 조절하게 되고 그렇게 하다 보면 결과적으로 생크나 슬라이스 또는 악성 훅 샷을 만들게 된다.

그리고 릴리스나 피니시가 제대로 되지 않기 때문에 파워도 잃게 된다.

얼리 익스텐션이 왜 발생할까?

얼리 익스텐션의 발생 원인은 여러 가지가 있지만, 대표적인 원인은 다음과 같다.
① 볼에서 멀리 떨어져서 어드레스 자세를 취하면, 멀리 떨어져 있는 볼을 치기 위해 하체가 볼 쪽으로 다가가면서 얼리 익스텐션을 하게 된다.
② 어드레스를 할 때 발뒤꿈치에 체중을 너무 많이 두게 되면 발뒤꿈치에 있는 체중을 다운스윙할 때 클럽을 회전시키기 위해서 앞으로 보내야 하는데 이 과정에서 불가피하게 얼리 익스텐션이 발생하게 된다.
③ 스윙 동작에 대한 잘못된 지식이나 오해, 예를 들면 임팩트 시에 거리를 내기 위해서 프로들처럼 튀어 오르는 자세를 흉내 내는 과정에서 얼리 익스텐션이 생기는데, 사실 프로들의 경우에는 릴리스까지 얼리 익스텐션을 거의 하지 않는다.

어드레스 자세   릴리스 자세

위 사진에서 어드레스 자세에서 릴리스로 가면서 머리가 들리지 않고, 허리가 펴지지 않고 오히려 머리의 높이는 어드레스에 비해 더 낮아지는 것이 이상적이라 할 수 있다.
④ 신체적 결함이 있는 경우에 얼리 익스텐션이 발생하는데, 특히 시니어 골퍼의 경우 발목, 무릎, 그리고 고관절에 문제가 있어 쪼그려 앉기가 어렵거나 척추에 문제

가 있는 경우에 얼리 익스텐션이 생긴다.

이렇게 개인적 차이나, 여러 가지 원인에 의해 발생하는 얼리 익스텐션은 단지 그런 스윙을 하지 않겠다는 의지나, 연습을 통해서 고치기는 매우 어렵고, 먼저 근본적인 원인을 찾아 그 원인을 개선하면 자연스럽게 얼리 익스텐션을 없애거나 방지할 수 있다.

그리고 대중적인 요법으로는 딥 스쿼트를 꾸준히 하면 하체 근력 강화로 얼리 익스텐션이 개선될 뿐만 아니라, 비거리 증가에도 큰 도움이 되므로 꾸준히 시도해 보길 바란다.

6. 오버 더 톱(Over The Top)

아마추어 골퍼들이 10명 중 4명꼴로 나타내는 스윙 특성은 무엇일까.

바로 오버 더 톱이다.

우리말로 스윙 동작의 특성을 고려하여 표현하자면 '엎어치기'로 번역하는 것이 이해가 쉬울 것이다.

43.54%의 아마추어 골퍼들이 이 스윙 특성으로 인하여 볼을 똑바로 보내지 못하여 악성 훅이나 슬라이스를 많이 내게 된다.

오버 더 톱은 다음 사진에서처럼 다운스윙을 시작할 때 골프클럽이 두 개의 선 사이의 공간인 슬롯을 과도하게 벗어나면서 상체로 엎어 치는 스윙 동작을 말한다.

오버 더 톱을 진단하기 위해서는

첫 번째로 어드레스 시에 샤프트 선을 연장한 하나의 선을 긋고, 또 하나는 백스윙 톱일 때의 샤프트 선을 연장하여 두 번째 선을 그린다.

이 두 개의 선 사이를 슬롯이라 하는데, 다운스윙을 시작할 때 샤프트가 이 슬롯 위쪽 밖으로 벗어나게 되면 오버 더 톱이라 한다.

| 어드레스 자세 | 백스윙 톱 |
| 다운스윙(정상) | 다운스윙(오버 더 톱) |

오버 더 톱은 어린 골퍼들에게서는 거의 볼 수가 없는 반면에 성인이 되어 골프를 배우는 사람들에게서 많이 나타나며, 골반의 회전보다 클럽이 먼저 다운스윙으로 내려오면서 생기는 스윙 특성이다.

어린이 골퍼들은 클럽이 무겁고, 어깨와 팔 힘이 약하기 때문에 자동으로 몸통 스윙을 할 수밖에 없는 반면에 성인들은 주로 팔을 사용하여 클럽으로 볼을 치려고 달려들게 되면서 오버 더 톱을 만들거나 이와 유사한 스윙 동작을 하게 된다.

이렇게 되면, 스윙 시 파워를 잃는 것은 물론이고, 임팩트 시에 클럽 페이스가 닫히게 되면 훅이나 풀 샷(Pull Shot)이 만들어지고, 클럽이 열려서 맞을 때는 볼이 오른쪽으로 휘어지는 슬라이스가 생기게 된다.

잘 아시는 '팔자(8) 스윙'으로 유명한 짐 퓨릭이나, 낚시 스윙으로 유명한 우리나라의 최호성 선수의 스윙이 독특하여 오버 더 톱을 한다고 생각하기 쉬운데, 대부분 프로골퍼와 마찬가지로 위의 두 선수도 절대로 다운스윙에서 오버 더 톱을 하지 않는다.

그럼 왜 오버 더 톱을 하게 될까?

① 가장 대표적인 원인은 다운스윙 시에 스윙의 연속적인 순서(골반→몸통→어깨→팔→클럽 순으로 회전)를 지키지 않고, 클럽이나 상체가 가장 먼저 볼을 향해 달려들면서 생기는 문제이다.

② 백 스윙을 할 때 클럽 페이스를 과도하게 회전하여 오픈하면, 다운스윙 시에 보상 동작으로 클럽 페이스를 닫아 치려고 하면서 발생하기도 한다.

③ 백스윙 톱에서 오른팔이 치킨 윙 현상을 나타낼 때 그 영향으로 다운스윙 시에 오른팔이 올바르게 회전이 되지 않아서 발생하기도 한다.

오른팔 치킨 윙

오버 더 톱을 방지하는 연습 방법은 다음과 같다.

① 어드레스 자세에서 왼손으로 오른쪽 허리 쪽 벨트를 잡고 백스윙을 하였다가, 다운스윙 시에 왼손으로 오른쪽 허리 쪽 벨트를 아래 방향으로 당기면서 골반을 미리 회전시키는 연습을 하면 효과가 있다. 하지만 이때 얼리 익스텐션이 발생하지 않도록 반드시 벨트를 아래 방향으로 당기면서 회전시켜야 한다.

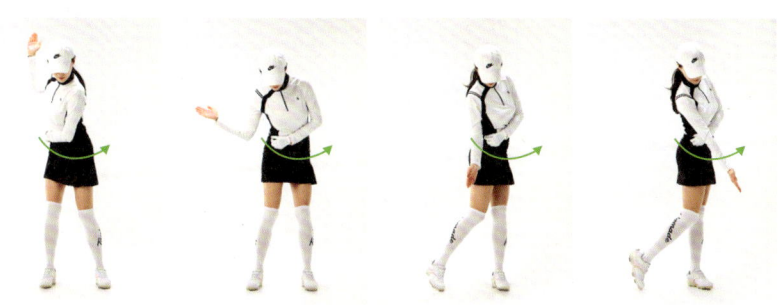

② 어드레스 자세에서 클럽을 수직으로 세워서 왼손으로 잡고, 이 클럽에 고압전기가 흐른다고 생각하고, 오른손이 다운스윙 시에 이 클럽에 닿지 않도록 골반을 회전시키는 다운스윙을 연습하는 것도 도움이 많이 된다.

이외에도 여러 가지 연습 방법이 있지만 위 두 가지 방법이 오버 더 톱을 방지하는 데 가장 효과적인 방법일 뿐만 아니라, 올바른 스윙 플레인을 만드는 데 큰 도움이 되고, 거리도 많이 늘어나는 효과가 있으므로 꾸준히 연습해 보길 바란다.

7. 스웨이(Sway)

아마추어 골퍼들의 37.2%가 백스윙 중에 이 스윙 특성을 보이는데, 미국에서는 스웨이라고 하고, 동작 특성을 고려한 우리말로는 측면 움직임이라고 표현하기도 한다. 스웨이라는 용어는 비교적 많이 쓰는데, PGA 골프용어집에서는 스웨이는 백스윙이나 다운스윙에서 클럽을 타깃 방향으로 스윙을 할 때 몸이 측면으로 많이 움직이는 것이라고 소개되어 있으나, 반면에 슬라이드란 용어는 없다. 그래서 일부 교습가들은 하체가 아닌, 상체가 좌우로 많이 흔들려도 스웨이 한다고 하는데 그 말이 여기서 정의하는 정확한 스웨이 동작에 맞는 표현은 아닐 것이다.

아무튼, 우리가 골프스윙 특성을 배우고 있는 처지에서 보면, 기존의 스웨이란 용어가 매우 애매하여 이해하기가 어렵다. 우리의 몸의 어떤 부분이, 어느 방향으로, 얼마를 움직이는 것인지, 그리고 그것이 스윙에 도움이 되는지 아닌지에 대해 명확하게 정의가 안 되어 있는 것이 사실이다.

그래서 타이틀리스트 교육기관인 TPI에서는 골프스윙의 동작 특성을 스웨이(Sway)와 새로운 용어인 슬라이드(Slide)로 명확하게 구분해서 설명하고 있다. 스웨이란 백스윙 중에 하체가 타깃 반대 방향의 측면으로 과도하게 움직이면서 체중이 오른발(뒤쪽 발) 바깥쪽으로 나가는 것을 말한다.

스웨이를 진단하는 가장 쉬운 방법은
다음 페이지 사진에서처럼 어드레스 자세에서 오른쪽 발 바깥 복사뼈에서 관절(히프)까지 바깥으로 선을 그리고, 백스윙 톱에서 골퍼의 다리나 고관절(히프)의 일부가 그 선을 벗어나는지를 확인하는 것이다. 만약 선을 벗어났다면 스웨이가 있다고 진단한다.

올바른 백스윙　　　　　　　스웨이(Sway)

이러한 스웨이가 발생하면 백스윙에서 다운스윙으로 트랜지션(Transition)을 할 때나 다운스윙 과정에서 올바른 체중 이동이 어려워져 지반 반력을 이용한 파워 스윙을 어렵게 한다. 그리고 불필요한 하체의 움직임을 만들어 볼을 정확하게 맞히기가 어려워져 미스샷을 많이 하게 된다.

스웨이의 발생 원인은 여러 가지가 있겠지만,

① 백스윙 시에 스웨이 동작에 대한 이해가 부족한 경우에 본인 의도와 다르게 스웨이를 하게 된다.

대표적인 실수는 일부 아마추어 골퍼들이 푸시 앤드 턴(Push & Turn)이라 하여 오른발로 체중이 넘어가도록 몸을 오른쪽으로 밀고 나서 골반을 회전하는 방법으로 체중을 이동하는데, 이것이 스웨이를 만드는 동작이 되므로 그냥 푸시를 하지 않고 골반(히프)을 턴하면 자동으로 체중이 오른발로 이동된다.

② 어드레스 자세에서 볼을 너무 우측으로 놓게 되면 볼을 중심으로 백스윙을 하면서 스웨이를 하게 된다.

③ 발목이나 무릎이 부상이 있거나 골반의 회전이 잘 안 되는 신체적 결함이 있는 경우에 스웨이를 하게 된다.

이러한 스웨이를 방지할 방법은 다음과 같다.
① 백스윙 시 스윙 시퀀스(클럽→팔→어깨→몸통→골반 순으로 회전)를 잘 지키면서 회전하면 스웨이를 방지할 수 있다.
② 체중 이동을 위한 푸시 앤드 턴을 하지 않고, 그냥 턴(Turn)을 하면 자동으로 스웨이가 방지되면서 체중 이동도 된다. 이때 어드레스 자세에서 체중을 미리 오른발에 많이 두면 오른쪽으로 체중 이동을 적게 해도 되기 때문에 스웨이를 방지하는 데 도움이 되기도 한다.
③ 아래 사진처럼 오른발 바깥을 받치는 경사진 보조재를 사용해 보면 스웨이가 방지되고, 오른발에 체중이 실리는 느낌을 알 수 있는 좋은 방법이 될 수 있다. 필드나 잔디 드라이빙레인지에서는 만약 그러한 보조재가 없을 경우에 볼을 사용해도 같은 효과를 볼수 있다.

스웨이에 대한 정의를 새롭게 이해하고 백스윙 중에 스웨이를 하지 않고 백스윙 톱에서 왼발 뒤꿈치에 체중이 실리게 하면, 안정적인 회전과 정확한 임팩트는 물론, 파워 스윙도 보장받을 수 있다. 그래서 미국의 많은 골프 교습가가 프로 선수가 되고자 하는 주니어 선수들에게 스웨이 동작 습관이 생기지 않게 하려고, 1㎜도 골반이 우측으로 밀리지 않게 엄격한 기준을 정하고 연습시키는 모습을 많이 보게 되는데, 이는 스웨이가 정확성과 파워 스윙에 커다란 위협이 되기 때문이다.

8. 슬라이드(Slide)

골프는 스윙 중에 몸의 중심축 또는 무게중심이 상하 또는 좌우로 흔들림이 생기면 이에 따른 영향을 크게 받는 운동이다.

즉, 몸의 회전력에 의해서 만들어진 힘이 클럽으로 전달되고, 클럽 페이스와 볼이 만나는 각도나 속도에 의해서 볼의 방향이 결정되는 운동이므로 골프는 몸의 올바른 움직임이 무엇보다도 중요하다.

이러한 몸의 움직임에 영향을 많이 주는 것이 백스윙 중에는 스웨이 동작이고, 다운스윙 중에는 타깃 방향으로 하체가 수평으로 움직이는 동작을 표현하는 슬라이드이다.

이 슬라이드는 새롭게 정의된 골프 용어로 다소 생소하게 들릴 수도 있지만, 하체의 움직임에 대한 명확한 기준을 설명하는 용어로 적절하다고 생각된다.

우리말로는 "타깃 방향의 측면 움직임"이라고 표현할 수 있겠고, 아마추어 골퍼의 31.4%가 이 스윙 특성을 나타내고 있다고 하는 이 슬라이드는 진단하기가 비교적 쉽다.

다음 사진처럼(좌) 어드레스 자세에서 왼쪽 발 복사뼈(Ankle)에서 수직으로 선을 그리고 다운스윙 중에 골퍼의 다리나 고관절(히프)의 일부가 이 수직선을 넘어 타깃 방향으로 움직이면 슬라이드가 있다고 할 수 있다.

바른 자세   슬라이드(Slide)

이러한 슬라이드가 발생하면 다운스윙에서 왼발을 중심으로 하는 중심축이 무너지면서 올바른 몸통 회전이 되지 않아 파워 스윙을 어렵게 할 뿐만 아니라, 불필요한 하체 움직임을 만들어 미스샷을 하게 되는 원인이 된다.

아래 사진처럼 다운스윙 중에 "왼쪽에 벽을 만들어야 한다"는 말은 슬라이드를 방지해야 한다는 말이다.

바른 자세

슬라이드의 발생 원인은 주로 다음과 같다.

① 다운스윙 시에 체중 이동과 몸통 회전에 대한 잘못된 이해와 동작으로 슬라이드를 하게 된다.

대표적인 실수는 다운스윙 시에, 체중을 오른발에서 왼발로 이동시키기 위하여 푸시 앤드 턴(Push - Turn)을 하는 것이다. 즉, 왼쪽으로 몸을 밀고 나서 골반(히프)을 턴하는 것으로 알고 있어 이러한 연습을 하는데, 이 동작이 궁극적으로 슬라이드를 만들게 한다.

올바른 동작은 푸시 동작을 하지 않고 그냥 골반(히프)을 턴하는 것이다. 그러면 자동으로 체중이 왼발로 이동되고 슬라이드도 방지할 수 있다.

② 어드레스 시에 골프볼을 너무 왼쪽(타깃 방향)으로 놓게 되면 볼을 치기 위하여 몸의 중심을 왼쪽으로 이동하면서 슬라이드를 만든다.

③ 골프화가 잘 맞지 않을 때, 하체의 안정성에 문제가 생기면서 종종 슬라이드가 발생하기도 한다.

④ 왼쪽 고관절에 문제가 있어 골반이 왼쪽으로 회전이 잘 안 되는 신체적 결함이 있는 경우나 상하체 분리능력이 문제가 되는 경우에 슬라이드가 발생한다.

이러한 슬라이드를 방지하기 위해서는

① 다운스윙 중에 왼쪽 다리를 옆으로 안정시키는 능력은 둔근(엉덩이 근육)의 강도와 하체의 안정성이 정비례한다.

따라서 슬라이드의 안정화뿐만 아니라 골반 회전에 의한 파워 스윙을 위해서는 둔근 강화가 최고인 만큼 꾸준한 둔근 강화 훈련이 좋다.

② 체중 이동을 위해 타깃 방향으로 푸시 앤드 턴(Push & Turn)을 하지 않고, 그냥 턴을 하면 자동으로 슬라이드가 방지되고 체중도 왼발로 이동할 수 있다.

슬라이드 방지할 수 있는 효과적인 연습 방법으로는

① 다음 사진처럼 문설주에서 임팩트 자세를 취하게 되면 왼쪽으로 체중이 넘어가도 문설주에 의해 자동으로 왼쪽에 벽이 만들어지면서 임팩트 시 올바른 자신의 슬라이드의 경계선을 느끼는 연습을 할 수 있다.

이때 골반은 충분히 타깃 방향으로 회전하여야 하고 체중은 80% 이상이 왼발 위에 놓이게 해야 한다.

골반 돌리기

문설주

② 얼라인먼트 스틱(Alignment stick)을 이용한 스윙 연습

아래 사진처럼 드라이빙레인지에서 얼라인먼트 스틱을 왼발에 붙여서 직선이 되게 땅에 꽂은 후 다운스윙에서 피니시까지 스윙을 하면서 골반이 이 스틱을 밀어서 기울어지지 않도록 하면서 스윙을 연습하면 슬라이드를 방지할 수 있다.

③ 중둔근 강화 훈련

사진처럼 옆으로 누워 발을 소파나 낮은 의자에 올리고 어깨를 바닥에 두고, 몸의 옆면이 일직선이 되게 한 상태로 약 30초 이상 견디는 훈련을 좌우 최소 3회 이상 반복하면 된다. 그렇게 하면 하체를 잡아 주는 중둔근과 주변 코어 근육이 강화되면서 슬라이드는 물론 스웨이를 방지할 뿐만 아니라, 비거리 향상에도 크게 도움이 되니 꾸준하게 훈련해 보길 바란다.

9. 리버스 스파인 앵글(Reverse Spine Angle)

아마추어 골퍼들의 가장 일반적인 스윙 특성 12가지 중에서 6번째로 많이 나타나는 스윙 특성이다.

아마추어 골퍼들의 38.5%가 이 스윙 특성으로 인하여 볼을 똑바로 보내지 못할 뿐만 아니라, 일부는 라운딩 후에 허리 통증을 호소한다.

우리말로 표현하자면 '역척추 각도'로 번역되는 이 자세는 백스윙 중에 척추의 각도가 뒤집히는 즉, 상체가 과도하게 늘어나거나 타깃 방향으로 기울어지는 것을 말한다.

리버스 스파인 앵글을 진단하는 방법은 어렵지 않다.

올바른 척추 각도   역척추 각도   역척추 각도

위의 사진에서처럼 백스윙 톱에서 척추의 각도 즉, 머리 중앙에서 골반 중앙까지 선을 그려서 만들어지는 각도가 좌측 사진처럼 어드레스 시의 각도를 유지하여야 하는데, 이 선이 오른쪽 사진처럼 상부로 올라가면서 선의 각도가 점점 타깃 쪽으로 기울어지는 것을 리버스 스파인 앵글이라 한다.

리버스 스파인 앵글의 백스윙 자세를 하게 되면 올바른 다운스윙 순서(골반→허리→어깨→팔→클럽)대로 해야 하는 회전을 어렵게 만들 뿐만 아니라, 백스윙 시에 몸의 무게중심이 위로 들리면서 하체로 시작해야 하는 다운스윙을 제한받아 결국에는 상체로 엎어 치는 형태의 스윙을 할 수밖에 없게 된다. 이렇게 되면 스윙의 파워도 잃게 되고, 볼의 방향의 정확성도 떨어질 뿐만 아니라 허리에 과도한 힘이 들어가게 되면서, 반복하면 필연적으로 허리 통증을 유발하게 된다.

따라서 시니어 골퍼에게 더 많이 발생하는 이 자세를 매우 조심해야 한다.

이러한 자세가 발생하는 주요 원인을 몇 가지 소개하면 다음과 같다.

① 백스윙을 크게 하려고 클럽을 한 번 더 백스윙 톱 쪽으로 밀어 올릴 때 리버스 스파인 앵글이 발생한다.

② 어드레스 자세에서 가슴을 열고 꼬리뼈를 위로 치켜들면서 등을 과도하게 펴려는 자세(S자 자세)에서 백스윙을 하게 되면 리버스 스파인 앵글이 발생하기 쉽다.

S − Posture

③ 상하체 분리 능력이 떨어져서, 하체를 고정한 상태에서 상체를 꼬이게 하는 백스윙(클럽→팔→어깨→몸통→골반 순서)을 하지 않고 하체(골반)를 이용한 백스윙을 스타트하게 되면 리버스 스파인 앵글이 발생하기 쉽다.

리버스 스파인 앵글을 방지하기 위해서는?

① 첫 번째로 바른 어드레스 자세를 유지한 상태에서 척추를 중심으로 한 몸통 회전 운동을 하는 것이 중요하다.

② 팔이나 어깨를 이용한 과도한 백스윙 안 하기 즉, 백스윙을 크게 하는 것은 클럽을 높이 들어 올리는 것이 아니며, 척추를 중심으로 상체의 꼬임을 만드는 것이다.

③ 백스윙을 시작할 때 스윙 아크를 크게 만들기 위해 과도하게 손을 멀리 타깃 반대 방향으로 밀거나, 아니면 과도하게 인사이드로 테이크 백을 시작하게 되면 리버스 스파인 앵글이 발생하기 쉽다.

④ 백스윙을 시작하면서 스웨이(히프가 타깃 반대 방향으로 밀리는 동작)가 되지

앉도록 하면 된다.

10. 행잉 백(Hanging Back)

'행잉 백(Hanging Back)'은 다소 생소한 골프 용어지만 내용은 간단하다.
행잉 백은 골퍼가 다운스윙할 때, 골퍼의 체중이 정확하게 왼발(앞발)로 이동하지 못하고 뒷발인 오른발에 남아 있는 것을 말한다. 이러한 스윙 자세를 하게 되면 스윙 시 파워를 잃을 뿐만 아니라 많은 미스샷의 원인이 되기도 한다.
아마추어 골퍼의 약 32.3%가 이러한 스윙 특성을 보여준다.
일반적으로 플레이어는 다운스윙에서 오른발에 실려 있던 체중을 왼발로 이동시켜서 임팩트 후에는 왼발을 축으로 하여 회전해야 하는데, 체중 이동보다 먼저 팔로 클럽을 휘두르려고 하여 생기는 스윙 특성이다.

다양한 행잉 백

행잉 백을 간단히 판단하는 방법을 다음 페이지의 정면 촬영 사진을 통해 설명하면, 셋업 자세에서 왼발(앞발)의 바깥 발목 관절에서 어깨선까지 수직선을 그리고, 임팩트 자세에서는 골퍼의 히프와 이 수직선 사이에 공간이 없어야 하는데, 공간이 있을 뿐만 아니라 오른발(뒷발)이 여전히 땅에 붙어 있는 자세가 되면 행잉 백을 한다고 말할 수 있다.

올바른 임팩트   행잉 백

행잉 백의 원인은 다음과 같다.

① 시니어 골퍼의 경우 엉덩이 근육이 약하게 되어 다운스윙 시에 골반(히프)의 회전이 원활하지 않을 때 주로 발생한다.

② 볼을 띄우려는 스윙 자세에서 발생하기 쉽다.

③ 왼 무릎이나 고관절의 신체적 결함으로 하체의 회전이 원활하지 않을 때 발생하기 쉽다.

④ 다운스윙 시에 하체가 먼저 회전하여야 하는 스윙의 순서를 잘못 이해할 때 발생하기도 한다.

⑤ 어드레스 자세에서 볼의 위치를 너무 오른쪽에 두었을 때 발생하기 쉽다.

행잉 백을 고치려는 연습 방법은 다음과 같다.

① 왼발이 낮은 내리막 경사지에서 스윙을 연습하면, 경사로 인해 스윙할 때 중력이 언덕 아래로 내려가므로 자연스럽게 체중이 왼발(앞발)로 이동한다.

② 하프웨이백 자세에서 피니시까지 연결 동작으로 스윙하기.

아래 사진에서처럼 하프웨이백 자세에서, 멈춤 없이 왼발에 체중이 100% 실리는 피니시 자세가 이루어지도록 반복적으로 연습하면 올바른 체중 이동 연습이 될 뿐만 아니라 행잉 백도 고칠 수 있다.

하프백에서 피니시까지 연결 동작

③ 피벗 드릴- 스윙 회전축 이동 연습

몸이 어떻게 회전하느냐가 골프스윙의 엔진이자 동력원이기 때문에 올바르게 감기고 풀리는 방법에 대한 동작 훈련이 중요하다. 아래 사진처럼 어드레스 자세에서 백스윙 시에 오른발로 갔던 체중이 다운스윙 시에 왼발로 이동되면서 피니시 자세까지 연결 연습을 하면 행잉백을 고칠 수 있을 뿐만 아니라 완벽한 바디스윙 연습이 된다.

스윙 회전축 이동 연습

한 연구에 따르면 프로들의 경우는 다운스윙 시 100% 체중 이동을 하지만, 아마추어 골퍼들은 65% 정도만 체중 이동을 하고, 이것이 결과적으로 비거리 차이를 만드는 주요 원인이 된다고 한다.

따라서 다운스윙 시에 100% 체중이 왼발(앞발)로 이동할 수 있도록 하는 것이 행잉 백을 방지할 뿐만 아니라 비거리 향상에 도움이 되는 만큼 위의 연습 방법을 참고하면서 몸의 회전과 체중 이동에 엔진이 되는 둔근육(엉덩이 근육) 강화를 위해 노력해 보길 바란다.

11. 캐스팅(Casting)

아마추어 골퍼들이 3번째로 많이 나타내는 스윙 특성은 무엇일까?

바로 캐스팅(Casting)이다. 아마추어 골퍼들의 56% 즉, 10명 중 6명이 이 스윙 특성을 보이지만 프로 골프 선수들에게는 거의 찾아볼 수 없는 스윙 특성이다.

이 캐스팅은 낚시에서 낚싯대를 던지는 행동에서 유래되어 골프에서도 사용되고 있는 용어이다.

낚싯대를 던지는 과정에서 나타나는 행동적 특성은 무엇일까?

 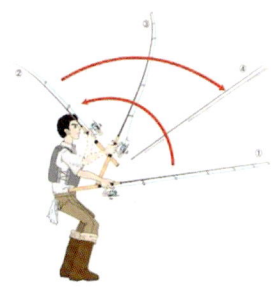

위 사진에서처럼 캐스팅은 손목의 힌지(코킹)와 팔꿈치가 빨리 펴지는 특성이 있는데, 이 동작이 낚시에서 잘되면 낚시를 목표 방향으로 멀리 던질 수 있어 좋다.

골프에서 캐스팅이란 다운스윙 할 때 낚싯대를 던지는 동작과 같이 손목 코킹과 오른팔 팔꿈치가 빨리 펴지는 스윙 특성을 말한다.

골프스윙에서 이러한 동작적 특성이 나타나면 스윙 파워를 잃을 뿐만 아니라 볼을 일관성 있게 타격할 수 없어 공의 방향성 또한 잃게 된다.

그럼 스윙 동작에서 캐스팅을 판단하는 기준은 무엇이며, 스스로가 캐스팅이 어느 정도로 심각한지를 판단하는 기준은 무엇일까?

다음 사진에서와 마찬가지로 우선 양쪽 히프를 연장하는 수평선을 그리고, 다운스윙하는 과정에서 손이 수평선으로 내려왔을 때 클럽헤드가 이 선상에 있거나 선 아래로 내려올 때 캐스팅을 한다고 할 수 있다.

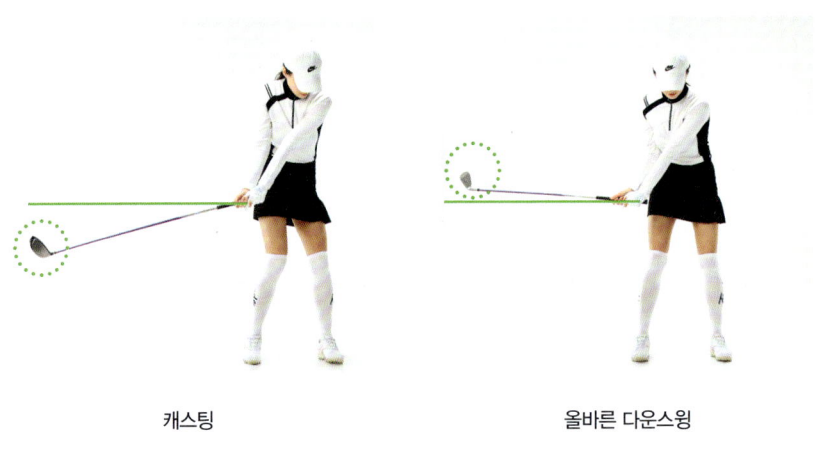

캐스팅   올바른 다운스윙

캐스팅으로 인한 대표적인 문제점은 다운스윙하면서 백스윙 시에 상체의 꼬임으로 인해 축적된 힘이 임팩트까지 연결되지 못하고 미리 풀려버려, 스윙 파워를 잃어버리게 한다는 것이다.

그리고 캐스팅이 있는 골퍼들은 보상 동작으로 임팩트 시에 손보다 클럽헤드가 먼저 내려가면서 뒤땅을 치거나, 임팩트 후에 위로 퍼 올리는 스쿠핑(Scooping) 동작을 하게 되는데, 이러한 동작으로 볼을 정확하게 임팩트하지 못해서 볼의 방향성도 함께 잃어버리게 된다.

캐스팅을 하게 되는 근본적인 원인은 대표적으로 다음과 같다.

① 다운스윙 시 스윙 시퀀스를 잘못 이해하거나, 신체적 결함으로 인해서 스윙 시퀀스를 지키지 못할 때 캐스팅이 발생한다.

스윙 시퀀스만 잘 지키면 캐스팅을 근본적으로 방지할 수 있을 뿐만 아니라 거리와 방향성도 증가시킬 수 있다.

② 팔과 손의 근력이 약한 경우에 캐스팅을 하게 된다.

③ 다운스윙 시 상체가 타깃 쪽으로 너무 많이 기울어지면(리버스 스파인 앵글), 보상 동작으로 캐스팅이 발생할 수 있다.

캐스팅의 반대 개념으로 래깅(Lagging)을 이야기할 수 있는데, 아래 사진처럼 래깅은 백스윙 톱에서 만들어진 클럽과 손목 및 팔 사이의 각도가 풀리지 않고(각이 더 작아지기도 함) 임팩트 직전까지 유지되는 것을 말한다.

래깅

벤 호건은 "나는 팔꿈치로 다운스윙을 이끈다"라고 말하곤 했는데, 그의 말이 의미하는 것은 다운스윙할 때 팔꿈치가 먼저, 손이 두 번째, 클럽헤드가 세 번째 순서로 올바른 스윙이 이루어지면, 클럽이 임팩트에 접근할 때 가장 큰 스윙 파워를 낼 수 있다는 사실이다.

벤 호건
Ben Hogan homepage

캐스팅을 방지하고 래깅을 만드는 아주 간단한 방법은 다운스윙 시퀀스를 지키는 것이다.
어깨나 팔의 힘을 이용하여 클럽을 먼저 휘두르는 다운스윙을 피하고, 항상 골반 턴이 먼저 되고, 몸통, 어깨, 팔, 그리고 클럽이 맨 나중 순서로 회전하면 자동으로 래깅이 되고, 캐스팅이 없어진다.
래깅은 클럽의 회전이 맨 나중에 시작된다는 의미이기도 하다.
거리를 더 내고 파워 스윙을 원한다면 클럽을 먼저 빨리 회전시키는 것이 아니라, 골반 회전을 먼저 그리고 빨리하면 헤드 스피드는 자동으로 빨라진다.

12. 치킨 윙(Chicken Wing)

치킨 윙은 아래 사진처럼 임팩트를 하고 나서 폴로 스루 시에 왼쪽 팔꿈치를 구부리고 왼손으로 클럽을 움켜쥔 골퍼의 왼팔 모양이 닭의 날개와 비슷하여서 붙은 이름이다.

다양한 치킨 윙

골프스윙이 제대로 이루어지면 골퍼가 임팩트를 하고 나서 자연스럽게 왼팔과 겨드랑이가 몸에 가깝게 유지되는 반면, 골퍼의 왼팔이 닭날개 모양으로 움직이는 치킨 윙 자세를 하게 되면 스윙 파워를 잃을 뿐만 아니라, 보상 동작으로 왼 손목을 꺾어 클럽을 위로 들어 올리는 형태가 되어, 클럽에 로프트를 추가로 주게 되어 골프 공에 과도한 스핀이 걸리게 하고 공을 원하는 방향과 거리에 보내기가 어려워진다. 치킨 윙 자세는 팔이나 상체의 잘못된 움직임에서 발생한다고 생각하기 쉽지만, 사실 이러한 일반적인 스윙 특성은 하체의 회전이 미리 이루어지지 않고, 상체가 엎어치는 형태(오버 더 톱)로 먼저 회전하기 때문에 발생한다.

치킨 윙의 스윙 특성을 분석하는 방법은?

아래 사진에서처럼 왼쪽 어깨에서 왼 손목으로 연결된 직선을 그린 다음 왼팔의 팔꿈치나 손이 이 선의 바깥으로 벗어나는지를 판단한다. 만약 이 선의 바깥으로 벗어났다면 치킨 윙으로 판단한다.

바른 자세　　　　　　　　　치킨 윙

치킨 윙이 발생되는 원인은 ?

① 다운스윙 순서에 따라 골반이 가장 먼저 회전을 하여야 하는데, 골반의 회전이 상체보다 늦거나 효율적인 속도를 생성하지 못하게 되면, 팔과 손으로 그에 따른 보상 동작을 하려고 노력하는 과정에서 치킨 윙이 발생한다.

② 다음 페이지 오른쪽 사진과 같이 오른 팔꿈치가 들려 어깨나 팔의 힘을 이용해서 상체가 먼저 회전하여 다운스윙하게 되면, 소위 말하는 엎어치기(오버 더 톱)형태가 되면서 치킨윙이 발생하게 된다.

올바른 백스윙 톱   오른쪽 팔꿈치가 들림

③ 심리적으로 볼이 왼쪽으로 가지 못하도록 하려는 과정에서 치킨 윙이 발생하기도 한다.
④ 신체적인 문제로 왼쪽 어깨가 회전이 잘 안 되거나 어려울 때 치킨윙이 발생한다.
⑤ 왼쪽으로 몸이 먼저 밀리는 즉, 슬라이딩이 많이 생겨서 팔이 움직여야 할 공간을 몸이 막고 있는 형상이 되면 치킨 윙을 하게 된다.

치킨 윙을 방지하는 방법

치킨윙을 방지하는 방법은 비교적 간단하다.
다음장 사진과 같이 다운스윙 시에 다운스윙 순서(다운스윙 스퀀스)를 지키면 치킨 윙을 하지 않을 뿐만 아니라 오버 더 톱, 캐스팅도 없앨 수 있고, 잘못된 스윙 대부분을 정상으로 바꿀 수 있다.
다운스윙의 연속적인 순서에 따라 골반을 미리 회전시켜서 왼쪽으로 열면, 왼팔이 굽어지지 않고 회전할 수 있는 공간이 생겨서 치킨 윙을 방지할 수 있다.
잘못된 스윙 시퀀스를 고치기보다는 보상 동작인 어깨나 팔, 손 동작을 고치려고 하는 것은 잘못된 레슨 방법이다.

Sequence(골반 → 몸통 → 팔 → 클럽 순)

신체적 문제가 없다면 셋업 자세를 바르게 하고 스윙 시퀀스를 지켜서 스윙이 이루어지면 골프의 80%는 이루어지는 것이다.

하지만 잘못된 동작, 잘못된 습관이 평생 골프를 어렵게 한다.

① 다운스윙의 순서를 지키면서 회전하는 연습을 하면 큰 도움이 된다.

② 그것이 어렵다면 어드레스 자세에서 왼쪽 겨드랑이 아래에 골프 글러브를 끼운 상태에서 골프 글러브가 떨어지지 않도록, 전체 스윙을 반복적으로 시도하면 자연히 왼쪽 겨드랑이가 몸에 붙은 상태로 몸이 회전하는 방법을 익힐 수 있다.

왼쪽 겨드랑이에 골프 글러브를 끼운 상태

③ 아래 사진처럼 양 팔꿈치에 볼을 끼운 상태에서 릴리스(Straight-Line Release) 하는 연습을 통해 치킨 윙이 아닌 정상적인 팔의 회전을 만드는 연습을 하면 올바른 바디 턴을 느낄 수 있다.

바디스윙이 골프스윙이다

CHAPTER 8
프리샷 루틴(Pre-shot Rutine)

프리샷 루틴이란 용어의 의미는 '선수가 클럽을 선택한 시점부터 스윙을 시작할 때까지 취하는 동작'을 말한다. 이 프리샷 루틴이 중요한 이유는 골프는 전략적 게임이고, 두뇌 게임이기 때문이다. 우리의 몸은 약 650여 개의 근육으로 구성되어 있고, 이 근육들은 머리의 지시(전기적 신호)에 의해서만 움직인다. 그래서 매번 변화된 코스 조건에 맞도록 우리의 생각이 미리 잘 정리되고, 근육들이 체계적으로 움직일 수 있게 명확한 명령이 근육에 전달되면, 근육이 잘 움직이고, 관절이 움직여서 훌륭한 샷이 이루어질 것이다.

CHAPTER 8 — 프리샷 루틴은 리듬을 찾는 과정이다

프리샷 루틴(Pre-shot Rutine)

1. 프리샷 루틴(Pre-shot Rutine)이란?

연습장에서 잘 맞던 볼이 코스만 나오면 안 된다고, 그 이유를 모르겠다고 하소연하는 아마추어 골퍼들을 많이 만나게 된다.

왜 연습장에서 잘되던 샷이 코스에 나가면 안 될까? 이유는 의외로 간단하다. 연습장과 필드의 환경의 차이로 인한 요인도 있겠지만, 대부분은 '샷 리듬'이 달라지기 때문이다.

코스에 나가 공 앞에 서면, 누구나 심장 박동수가 높아지고, 샷 리듬이 빨라지면서 백스윙 톱으로 클럽이 올라가기도 전에 다운스윙으로 내려오고, 헤드 업이 되면서 볼이 목표와 거리에서 멀어지는 경우가 자주 발생한다.

골프는 자신에게 맞는 스윙 리듬을 일정하게 해야 하는 운동이다.

연습장에서 하던 리듬을 필드에서 할 수 있으면, 연습장에서 하던 샷을 필드에서도 할 수 있을 것이다.

이 리듬을 갖게 하는 과정을 우리는 '프리 샷 루틴' 만들기라고 한다.

프리샷 루틴이란 용어의 의미는 '선수가 클럽을 선택한 시점부터 스윙을 시작할 때까지 취하는 동작'을 말한다. 이 동작이 매번 샷마다 변한다면 그 골퍼는 자신의 프리샷 루틴을 가지고 있다고 할 수 없을 뿐만 아니라 성공적인 스윙의 결과를 가지기 어렵다고 말할 수 있다.

그래서 프리샷 루틴은 모든 샷을 치기 전에 행하는 하나의 의식으로 인식하는 것이 좋다.

프리샷 루틴만 잘해도 보다 나은 플레이를 할 수 있다.

1) 프리샷 루틴이 왜 중요할까?

골프는 전략적 게임이고, 두뇌 게임인데 우리의 몸은 약 650여 개의 근육으로 구성되어 있고, 이 근육들은 머리의 지시(전기적 신호)에 의해서만 움직인다. 그러나 근육에는 두뇌가 없으므로 아무리 훈련을 해도 근육은 기억을 못 한다. 결국, 머리에서 명령(전기적 자극)을 근육에 내렸을 때 비로소 근육이 움직이고, 근육이 움직이면 관절이 움직이고 골프 샷이 이루어지는 것이다.

그래서 매번 변화된 코스 조건에 맞도록 우리의 생각이 미리 잘 정리되고, 근육들이 체계적으로 움직일 수 있게 명확한 명령이 근육에 전달되면, 근육이 잘 움직이고, 관절이 움직여서 훌륭한 샷이 이루어지는 것이다.

만약 홀을 공략하는 샷을 해야 하는데, 우리의 생각이 정리되지 않고 생각이 복잡하다면 어떻게 될까?

명확한 지시가 근육에 전달되지 않고 어떻게 되겠지 하는 생각으로 샷을 하면 결과적으로 후회하게 되는 것은 자명한 일이다.

그래서 훌륭한 선수가 되려면 샷을 시도할 때마다 정확하고, 반복 가능하며 명확하게 이해되는 자신의 루틴이 절대적으로 필요한 것이다.

2) 훌륭한 프리샷 루틴을 가질 수 있는 최고의 방법은 무엇일까?

① 훌륭한 루틴을 위해서는 생각하는 영역(Think Box)과 플레이하는 영역(Play Box)으로 나누고, 각 영역(Area)에서는 샷을 위한 역할을 명확히 분담하는 것이

중요하다.

생각하는 영역이란, 플레이 환경 조사나, 최적의 샷에 대한 정보를 종합하여 자기 생각을 정리하고 의사를 결정하는 영역이다.

플레이하는 영역이란, 생각하는 영역에서 준비되고, 의사 결정된 사항들을 변경 없이 신속히 집행하는 영역이다.

② 생각하는 영역(Think Area)에서는 플레이하는 환경 즉, 다음 사항들을 준비해야 한다.

- 사전에 확인해야 할 사항들을 순서대로 확인해야 한다.

자신의 볼 여부를 확인 → 볼이 놓여 있는 라이 확인(지반의 형상, 잔디 종류 및 결, 잔디의 젖은 상태 등) → 바람의 방향과 세기 → 타깃 라인의 장애물 여부(상하, 좌우) → 타깃 주변 그린의 기울기, 그린의 딱딱함, 여유 공간 확인 → 정확한 거리 측정

- 타깃으로 날아가는 볼을 마음속으로 그려 본다.
- 평소의 데이터를 믿고 클럽을 선택한다.

절대 무리하지 말고, 에러에 대한 충분한 여유를 둔다.

- 선택된 클럽으로 의도에 맞는 연습 스윙을 해야 한다.
- 볼 뒤에 서서 타깃을 바라보면서 천천히 두 번 심호흡하여 뇌가 활동할 수 있는 충분한 산소가 공급될 수 있도록 해야 한다.

그래야 육체적 근육의 긴장이 풀리고, 마음이 안정될 수 있다.

③ 플레이하는 영역(Play Box)에서는
- 타깃 에이밍
- 클럽, 바디 얼라인먼트(Alignment)
- 그립, 스탠스, 볼 위치
- 어드레스 자세 등을 확인하고 자신의 스윙 리듬을 꼭 지키면서 샷을 하는 것이 중요하다.

이때, "빨리하되, 서두르지 말고(Be quick, but don't hurry)"가 중요하다.

생각하는 영역(Think Box)에서 조사나 준비 사항이 미흡한 것도 문제가 되겠지만, 만약 플레이하는 영역 즉, 어드레스 자세에서 생각이 바뀌거나 어떤 샷을 할지 고민하는 데 시간이 걸리게 되면, 머리가 복잡해질 뿐만 아니라 근육이 경직되면서 원하는 샷을 할 수 없게 되는 것은 자명하다.

3) 루틴을 지키는 데 필요한 최적의 시간은 얼마가 좋을까?

골프 룰에 의하면, 골퍼가 자기 차례가 되었을 때 특별한 이유가 없으면 40초 안에 플레이를 하는 것을 권장하기 때문에 프리샷 루틴을 잘하기 위해서 지연 플레이를 해서는 안 된다.

또한, 너무 많이 생각하는 것은 생각이 없는 것과 똑같다. 생각하는 영역에서 볼 뒤에 클럽을 내려놓기부터 시작해서 스탠스를 취하고 목표선에 최종으로 에이밍하는 데까지 루틴의 총시간은 30초 이내가 좋다. 그리고 플레이 영역에서는 샷까지는 10초 안에 이루어지는 것이 바람직하다.

결국, 시간이 부족하다고 생각하는 영역에서 해야 하는 사항들을 생략할 것이 아니라 프리샷 루틴 과정에 포함시켜 반드시 확인해야 하고, 만약 시간이 부족하면 기상 조건이나, 장애물 등 미리 확인이 가능한 부분은 확인해 두는 것도 좋은 방법이 된다.

프리샷 루틴은 생각하는 영역과 플레이하는 영역으로 나누어서 생각을 정리하고, 제한된 시간 내에 자신의 리듬을 지키는 습관을 만드는 것이 매우 중요하다.

따라서 일단 숙달되면 골퍼는 주의를 산만하게 하는 요소를 차단하고, 멋진 샷을 할 수 있는 최고의 기회를 자신에게 줄 수가 있다.

그리고 좋은 프리샷 루틴은 근본적으로 긍정적이어야 한다.

즉, 피하고 싶은 것보다 원하는 것을 강화해야 한다는 말이다.

미국의 '철인 골퍼' 벤 호건(Ben Hogan · 1912~1997년)은 게임이 있는 아침에 일어나 이를 닦을 때부터 천천히 시작하고, 샤워는 더 천천히 하며, 커피도 더 천천히 마신다고 했다.

그리고 라운드 중에 조금 더 천천히 걷기도 하고, 볼 옆에 서 있을 때 그를 느리게 만들 수 있는 모든 것을 했다고 한다.

그것이 "빨리하되 서두르지 않는다"라는 것을 의미하는 것이 아닐까?

결국, 이 이야기는 벤 호건이 자신의 프리샷 루틴은 아침부터 시작되고, 그 루틴을 철저히 지키기 위해 최선을 다한다는 것을 강변하고 있는 것이다.

바디스윙이 골프스윙이다

CHAPTER 9
골프 법칙 이야기

긴 역사를 가진 골프는 그간 열성적인 수많은 골퍼들의 실험에 의한 통계나 경험적 데이터를 바탕으로 후배들에게 귀감이 되는 수많은 골프 법칙들을 물려주고 있다.
이 법칙들이 의미하는 바를 정확하게 이해하고 자신의 법칙으로 만들면 골프 실력 향상은 물론이고, 다른 골퍼들과의 대화에도 많은 도움이 될 것이다.

CHAPTER 9 골프 법칙을 이해하면 골프가 보인다
골프 법칙 이야기

1. 골프 통계에 의한 '리치오 법칙'

어떻게 하면 골프를 잘할 수 있을까?

이것은 모든 골퍼의 가장 큰 관심사일 것이다. 그래서 많은 사람이 그 비법을 찾기 위해 여러 가지 방법으로 골프스윙을 분석하여 왔고, 지금 이 시간에도 그 노력을 하고 있을 것이다.

그런 이유에서일까? 아니면 골프를 너무 좋아하는 열렬한 골퍼이기 때문일까.

1995년부터 미국 뉴욕주 컬럼비아대학교에서 통계학 교수로 재직 중이며, 오랜 미국골프협회(USGA) 위원이자 골프 슬로프 시스템을 개발한 최초 연구팀의 일원인 루셔스 J. 리치오(Lucius J. Riccio) 박사.

그는 1970년부터 투어 프로를 포함해 40대 핸디캐퍼(Handicapper)에 이르기까지 수천 명 골퍼의 스코어 통계를 연구해 왔으며, 2008년 골프다이제스트에 기고한 '통계로 시작하라(Start With Your Stats)'라는 칼럼에서 골프 스코어를 통계적으로 분석해서 골프 스코어를 낮출 수 있는 핵심 요소 두 가지를 제시했다.

1) 첫째로 그린 적중률(GIR, Greens In Regulation)의 중요성을 강조했다.

리치오 박사는 골퍼의 그린 적중율(GIR)을 알면 스코어를 예측할 수 있다고 했다. 통계적으로 분석한 자료를 이용해 스코어를 결정하는 가장 중요한 요소가 그린 적중율(GIR)이라는 것이다.

그린 적중률이란, 규정 타수에 맞게 그린 안에 볼을 올리는 것을 의미한다.

즉, 파5 홀에서는 3타 만에, 파4 홀에서는 2번 만에, 파 3홀에서는 한 번 만에 그린에 볼을 올리는 것을 말한다.

90타를 깨기 위해서는 평균적으로 18개 홀에서 3개의 볼을 그린에 올려야 하고(그린 적중률 3/18), 80타를 깨기 위해서는 8개의 볼을 그린 위에 올려야 한다(그린 적중률 8/18)는 것이다.

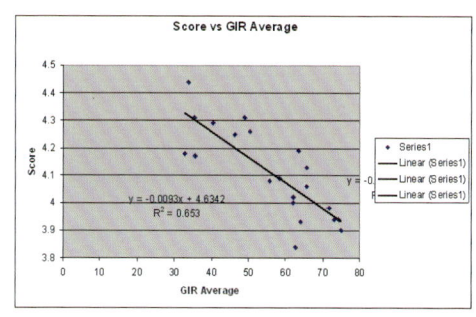

probablegolfinstruction.com

그래서 어떤 골퍼는 이것을 '리치오의 법칙'이라 하여, 골퍼의 스코어는 '95-(규정 타수 내 그린 적중 횟수×2)'로 예측할 수 있다고 했다.

예를 들어 18홀 라운드 중 그린 적중을 3번 했다면, 골퍼의 예상 스코어는 95-(3×2)=89타가 예상된다는 것이다.

이처럼 통계적 수치를 근거로, 리치오는 골프 스코어를 줄이기 위해서는 그린 적중률이 가장 중요하다고 강조했다.

2) 다음으로 그린에서 퍼팅을 하는 횟수가 중요한 요소라고 했다.

스코어를 줄이기 위하여 퍼팅을 잘하는 것은 그린 적중률 만큼 중요하지는 않지만, 다른 모든 통계보다 훨씬 더 중요하다고 강조했다.

퍼팅 능력을 보는 방법에는 여러 가지가 있지만, 총퍼팅 수를 세는 것이 가장 좋은 방법이다. 일반적으로 95타를 치는 골퍼는 라운드당 평균 37개의 퍼팅을 하고, 90타를 돌파하려면 퍼팅을 34회 정도로 줄여야 하고, 80을 깨려면 31이나 32개의 퍼팅을 해야 하며, 언더 파(약 71타)를 치기 위해서는 29개의 퍼팅 능력을 갖추어야 한다는 것이다.

사실, 이 두 통계만으로도 아마추어 골퍼가 라운드를 하면서 겪는 모든 기복이 거의 설명 가능하다.

좋은 퍼팅으로 티 박스에서 그린까지의 나쁜 라운드를 커버할 수 있고, 나쁜 퍼팅으로 티 박스에서 그린까지의 좋은 라운드를 망치게 할 수 있지만, 최고의 스코어를 기록하기 위해서는 두 가지를 다 잘해야 한다는 것이다.

즉, 골프에서 스코어를 낮출 수 있는 가장 중요한 요소는 그린 적중률과 퍼팅 수라는 사실을 기억하고 이를 위한 연습에 중점을 두어야 한다는 것이다.

결국, 리치오 박사가 전달하고자 하는 또 다른 메시지는 '리치오의 법칙'이 아니라, 훌륭한 골퍼가 되기 위해서는 다음 3가지를 실천하라는 것이다. 그것은

① 라운드마다 자신의 스코어를 지속해서 기록하여 통계적으로 분석할 수 있어야 하고,

② 통계적 분석을 통해서 자신의 골프 스코어를 낮출 수 있는 핵심 요소가 무엇인지를 알고,

③ 그것에 대한 효과적인 연습 방법을 찾아 지속해서 연습하는 것이 중요하다는 것이다.

2. 데이브 펠츠가 만든 법칙

그런데, 골프에서 법칙이란 용어를 써도 되는 것일까?

법칙(法則)이란 사전적으로 '현상의 본질적인 구조를 명확하게 한 것 즉, 그것이 진리임은 의심할 여지도 없는 것이어야 한다'는 것이다.

반면에 골프는 개인의 신체적, 정신적 특성의 다양성을 존중하는 운동이라 골프에서 법칙이란 말을 사용하기엔 늘 망설여진다.

물리학을 전공하고, 미국항공우주국(NASA)에서도 근무한 적이 있는 데이브 펠츠(David T. Pelz)는 1977년부터 약 3년간 캐디, 투어 선수, 아마추어 골퍼 등 모든 골퍼의 수천 라운드의 데이터(샷 거리, 각 샷이 떨어진 위치, 타깃과의 관계 등)를 통계적으로 분석했다.

펠츠는 이 통계 분석을 바탕으로 1999년 '쇼트 게임 바이블'이란 책을 발행하는 등 골프에서 쇼트 게임의 중요성을 과학적으로 입증한 최초의 인물로 인정받고 있다.

또한, 펠츠는 이 분석을 바탕으로 세계 15개소에 자신의 이름을 딴 '스코어링 게임 스쿨(Scoring Game School)'을 운영하는 등 세계 최고의 쇼트 게임 골프 코치로 명성을 날리고 있다.

팜스프링 스코어링 게임 스쿨에서 인스트럭터들과 함께한 필자(왼쪽 앞)

펠츠는 '쇼트 게임 바이블'이란 책에서 골프 스코어에 영향을 미치는 샷의 약 80%가

100야드 이내에서 이루어진다는 것과 퍼팅의 경우는 17인치(43cm)를 지나칠 정도의 스피드로 공을 쳤을 때 퍼팅 성공률이 극대화된다는 사실을 주장했다. 이를 데이브의 '80%의 법칙'과 '17인치의 법칙'이라고 칭하고 있다.

1) 80%의 법칙

80%의 법칙이란 골프 스코어에 영향을 미치는 샷의 약 80%가 100야드 이내에서 이루어진다고 해서 붙은 이름이다.

펠츠는 골프 스코어에 쇼트 게임(퍼팅 포함)의 비중이 80% 이상이라는 사실과 투어 프로의 경우는 홀에서 100야드 이상 떨어진 곳에서 타깃을 향해 샷을 하면 비거리의 평균 7%만큼 벗어난 지점으로 볼이 떨어진다는 것을 알았다. 또한, 100야드 이내의 샷의 경우에는 비거리의 16~20% 정도 벗어난 지점으로 볼이 떨어져, 쇼트 게임의 샷 정확성이 현저히 나빠진다는 사실을 확인했다.

따라서, 펠츠는 라운드에서 쇼트 게임의 비중이 높은 데도, 샷의 정확성은 현저히 떨어지기 때문에 스코어를 줄이기 위해서는 쇼트 게임의 중요성을 이해하고, 쇼트 게임에 더 많은 연습 시간을 할애해야 한다고 주장했다.

2) 17인치의 법칙

퍼팅에서 17인치의 법칙이란 홀을 약 17인치 지나칠 정도의 힘으로 퍼팅을 할 때 성공률이 극대화된다는 법칙이다. 이는 이론적 바탕이 아닌 무수한 반복 실험 결과를 바탕으로 산출한 통계적 수치를 기준으로 한 주장이다.

하지만, 홀컵의 사이즈는 4.25인치(108mm)인데, 속도가 빨라지면 그만큼 볼이 홀컵 안으로 들어갈 수 있는 유효 직경은 작아진다. 즉, 볼이 홀컵을 17인치 정도 지나치는 스피드로 치면 볼이 홀컵에 들어갈 수 있는 홀의 유효 직경이 4.25인치에서 2.25인치(57mm)로 줄어드는데, 이정도 스피드가 왜 성공률이 높을까?

펠츠는 실험에 의한 성공률 분석 결과를 근거로 다음과 같이 주장했다.

퍼팅 브레이크와 속도

① '네버 업, 네버 인(Never up, Never in)', '짧은 퍼팅은 100% 안 들어간다'라는 격언이 있는 만큼 홀을 지나쳐 갈 정도로 치는 것이 성공률을 높일 수 있다는 것이다.
② 홀 주위에 발생하는 무수한 발자국과 눈으로 확인하기 어려운 표면 결함, 즉, 럼피 도넛(Lumpy Doughnut)이라 불리는 불확실성이 높은 구간이 있기 때문이다. 따라서 볼이 라인을 유지하기에 충분한 속도로 쳐야 퍼팅 성공률을 높이는 데 유리하게 작용한다.

럼피 도넛

③ 6~12인치를 지나치게 퍼팅을 하라는 일부 골프 인스트럭터들도 있지만, 17인치는 컴백 퍼팅에 부담이 없는 거리(속도)임이 틀림없다.

데이브 펠츠는 '퍼팅은 인생과 같다'고 말했다. 그 말의 속뜻은 인생에서 건강의 중요성을 늘 이야기하면서도 건강을 위한 운동을 게을리하는 것처럼, 골프 스코어에 43%나 영향을 주는 퍼팅이 아주 중요함에도 아마추어 골퍼 대부분이 연습을 게을리 한다는 지적이 아닐까?

3. 노보셀의 3:1 법칙

일반적인 골퍼들이 어려움을 겪는 것은 연습장에서 많은 연습을 하고도 코스에만 나가면 같은 클럽으로 볼을 쳐도 골프 볼이 모두 다르게 날아간다는 것이다.

아마추어 골퍼들이 궁금해하는 것은 다음 세 가지이다.
① 볼을 연습장처럼 일관되게 멀리 날아가게 하는 방법은 없는 것일까?
② 스윙에서 가장 중요한 부분은 무엇일까?
③ 투어 프로들의 스윙은 부드러운데, 아마추어 골퍼들의 스윙은 왜 어색해 보일까

열렬한 골퍼이자 발명가인 존 노보셀(John Novosel, 1925~2018)이 있기 전까지 그것이 무엇인지, 어떻게 가르쳐야 하는지 정확하게 제시하는 사람은 없었다.

노보셀은 골프스윙에서 가장 중요한 것이 스윙의 템포이며, 사람마다 그리고 골프 클럽마다 고유한 스윙 템포가 있다고 했다.

노보셀은 미국프로골프(PGA) 투어 거장들의 영화를 보면서 놀라운 발견을 했다.

프로 골퍼마다 비록 스윙 속도는 다양할지라도 백스윙 시간과 다운스윙이 이루어지는 시간에는 일정한 수학적 비율이 존재한다는 것이다.

이를 바탕으로 2004년에 노보셀은 자신의 저서 '투어 템포(Tour Tempo)'에서 거의 모든 좋은 골프스윙은 백스윙과 다운스윙의 시간이 3:1 비율로 이루어진다고 주장했다. 즉, 백스윙이 다운스윙보다 3배 느리다는 이야기이다.
이것을 우리는 노보셀의 3:1 법칙이라 한다.

'철인 골퍼' 벤 호건(미국)부터 타이거 우즈(미국)까지 스윙이 빠르든, 느리든 템포는 일정하다는 것이었다.
모든 골퍼는 자신의 스윙 스타일에 가장 적합한 템포를 가지고 있고, 일반적으로 백스윙 길이가 짧은 스윙은 적절한 클럽헤드 속도를 생성하기 위해 더 빠른 템포가 필요하고, 백스윙이 길수록 플레이어는 비슷한 클럽헤드 속도를 생성하기 위해 더 느린 템포를 갖게 된다는 것이다.
예를 들어, 세계적인 투어 프로 존 람(스페인)은 PGA 투어의 대부분의 선수보다 백스윙이 훨씬 짧기 때문에 스윙 템포가 더 빠르다는 것이다.

　　　　　　　　　　스콧 노보셀, 터니 로빈스, 존 노보셀　　투어 템포 기기

▲템포란 무엇인가?

스윙에서 템포와 리듬을 스윙 속도와 혼동하지 않는 것이 중요하다.

템포와 리듬은 골퍼의 스윙 행동이나 모션에서 오는 속도의 비율 즉, 백스윙과 다운스윙 시간의 비율을 의미한다. 하지만, 스윙 속도는 스윙의 특정 지점에서 클럽 움직임의 빠르기를 말한다.

따라서 스윙을 천천히 하라고 하는 것은 스윙의 템포를 천천히 하라는 것과는 다른 말이 된다.

그의 발견이 사람의 생체역학과도 맞는 것인가?

미국예일대학교의 로버트 D. 그로버(Robert D. Grober) 박사와 야체크 홀레비츠키(Jacek Cholewicki)는 2008년에 인체의 백스윙 코일이 다운스윙 코일보다 약 3배 더 오래가므로, 몸이 골프 클럽을 효율적으로 스윙하기 위한 이상적인 백스윙과 다운스윙 비율은 스윙의 길이와 관계없이 3:1이라는 논문 'Towards a Biomechanical Understanding of Tempo in the Golf Swing'을 발표해 노보셀의 3:1 법칙을 생체역학적으로 뒷받침했다.

즉, 이것은 골프스윙의 핵심에 생체역학 시계가 있다는 말이 된다.

우리는 스윙의 가장 중요한 요소 중 하나인 템포를 운에 맡기고 있기 때문에 골프를 치는 것이 어려운 것이 아닐까?

'어떻게 되겠지' 하고 샷을 하면 아무것도 되지 않는다. 왜 그럴까?

그것은 골프 가방 속에 있는 모든 클럽에는 그 클럽에 맞는 빠르기가 있고, 골퍼들은 제각기 다른 스윙 빠르기가 있는데 그 빠르기에 맞는 스윙 템포를 찾지 못하거나 스윙 템포를 지키지 않기 때문이다.

어떤 골퍼는 백스윙 시작부터 임팩트까지 0.80초가 걸리지만 어떤 골퍼는 1.20초가 걸린다고 한다. 이러한 느리고, 빠른 스윙에도 그것에 맞는 스윙 템포가 있다. 즉, 백스윙과 다운스윙의 비율을 지키는 것이 중요하다는 것이다.

그래야 일관된 볼 플라이트를 기대할 수 있다.

그 비율은 3:1임을 기억하자.

4. 엄지의 법칙

우리말에 '엄지 척'이 있다.

주먹을 쥔 상태에서 엄지를 들어 올리는 모습을 나타낸 말로, 어떤 사람이나 상황에 대해 최고라고 칭찬해 줄 때 주로 쓴다. 그런데 이런 엄지가 골프에도 있다.

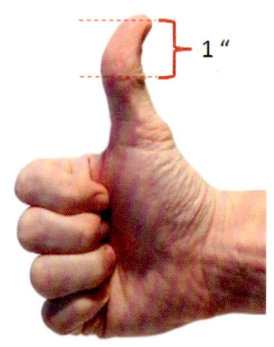

Rule of Thumbs SNS

'엄지의 법칙(Rule of Thumbs)'은 이론보다는 실제 경험을 기반으로 한 경험 법칙을 나타낸다. 따라서 골프에서 법칙으로 그 자체를 기억하기보다 그 말의 의미를 잘 이해하는 것이 더 중요하다고 생각된다.

이 문구의 사용은 영국 관습법에 따라 아내를 '사랑스럽게(?)' 구타할 수 있는 막대기의 최대 너비에서 파생되었다는 설도 있지만, 아무튼 엄지손가락의 너비나 길이를 비교해 수량을 측정하는 다양한 거래 단위와 관련이 있다고 알려져 있다.

법칙들은 시간의 흐름이나, 클럽의 발전에 따른 변화는 다소 있다 하더라도 통계적 분석을 통해서 도출한 결과들이기 때문에 골프 법칙으로 의미가 있다.

하지만, 골프에서 '엄지의 법칙'은 그 유래를 알기 어렵고, 수많은 골퍼의 입을 통해 전해져 오는 경험에 의한 대략적인 골프의 법칙을 나타내기 때문에 법칙 그 자체보다는 단지 그 법칙의 속뜻을 잘 이해하는 것이 더 중요하다고 생각된다.

1) 9번 아이언의 법칙 – 9번 아이언 거리의 두 배는 드라이버 거리

9번 아이언의 법칙이란 자신의 9번 아이언 거리에 2를 곱하면 대략 자신의 드라이버 거리와 비슷하다는 주장이다.

예를 들어 9번 아이언 거리가 120야드인 골퍼의 드라이버 거리는 240야드(120야드×2=240야드)가 된다는 것이다. 물론 100% 정확한 것은 아니지만 대략적인 자신의 드라이버 샷 거리의 적정성을 알고 싶은 골퍼에게는 상당히 유용한 법칙이라 할 수 있다. 이 법칙은 골프에서 각 개인이 아이언이나 드라이버의 바디스윙이 같을 때, 드라이버는 9번 아이언과 클럽의 특성이 다르고, 클럽이 기므로 비거리가 9번 아이언의 두 배가 된다는 것이다.

하지만 요즘 이 법칙에 동의하는 골퍼는 많지 않은 것 같다. 왜냐하면, 오늘날 클럽 소재와 출시되는 클럽의 로프트 각도의 변화 그리고 클럽 피팅의 발달에 따라 이 법칙이 잘 맞지 않기 때문이다.

아이언 클럽에서 거리를 좌우하는 주요 요소 중의 하나인 로프트 각도만 하더라도

9번 아이언의 경우 2010년 44°에서 현재는 39°까지 변화시켜 비거리가 늘어나게 하였으니, 이 법칙을 신뢰하지 않는 것은 어쩌면 당연하지 않을까?

그러나 이 법칙에서 의미를 찾을 수 있는 것은 아이언과 드라이버의 바디스윙이 같아야 한다는 것, 드라이버 비거리가 짧으면 아이언 9번 비거리를 늘리는 바디스윙 연습으로 드라이버 비거리도 같이 늘어나는 효과가 있다는 것이다.

아무튼, 드라이버의 비거리가 9번 아이언 거리의 두 배가 되지 않는다면, 드라이버 비거리에 대한 발전 가능성이 많이 남았다는 의미일 것이다.

2) 평균 회귀의 법칙 – 마지막 3개 홀의 법칙

'평균 회귀의 법칙'이란 라운드를 하다 보면 유난히 그날따라 공이 잘 맞아 베스트 스코어를 기록할 수 있겠다 싶어 기대했다가 항상 마지막 3홀에서 자신의 의지와 상관없이 실수를 저지르고, 이 실수 때문에 좋았던 스코어가 자신의 평소 핸디캡으로 조정되는 현상을 일컫는 말이다. 마지막 3개 홀의 법칙이라고 부르기도 하고, '핸디캡 귀신'이라고도 하는 데, 이것은 통계의 일반적 특성을 골프 스코어에 빗대서 하는 말이다.

생애 최고의 기록(Life Best Score in Golf)을 하게 된 많은 골퍼들의 이야기를 들어 보면, '무심결에' 또는 '라운드가 끝나고 알았다'는 이야기를 많이들 한다.

무슨 이야기일까?

결국은 골프에서 끝까지 스코어에 연연하지 않는 멘탈(Mental)이 중요하다는 이야기일 것이다. 그만큼 끝까지 체력과 균형 잡힌 집중력이 중요하다는 것인데, 실제 골프 스코어는 기술, 방해 요소 그리고 운이 좌우한다고 한다.

그래서 아마추어의 경우는 멘탈 즉, 강인한 정신력도 중요하지만, 역설적으로 기술이 정신력과 방해 요소를 극복할 수 있다고 하니, 기술 향상을 위한 더 많은 연습이 필요하지 않을까 싶다. 평소 핸디캡을 확 낮출 수 있도록 말이다.

3) 목생도사(木生道死) – 나무를 맞으면 살고, 도로를 맞으면 죽는다.

'목생도사' 이 골프 사자성어(?)를 모르는 골퍼들은 거의 없으리라 생각된다.

이 말은 골프코스 디자인과 관련이 있다.

샷을 한 볼이 슬라이스나 훅이 걸리면서 옆 홀을 향해서 날아가다가, 나무를 맞고 그 홀 존 안에 떨어져서 OB(Out of Bounds)가 나지 않았다고 가슴을 쓸어내린 경험들이 있을 것이다.

목생, 즉 나무를 맞으면 왜 OB가 나지 않는 걸까? 그것은 골프장을 디자인하면서 가장 중요하게 고려하는 요소 중 하나가 안전이기 때문이다. 타구에 의한 사고를 방지하기 위해서는 옆 홀과 충분히 떨어진 거리를 두든지, 아니면 볼이 옆 홀로 날아가는 것을 방지하기 위한 시설을 설치해야 하는데, 자연경관도 살리고, 옆 홀의 안전도 보장할 방법은 홀 경계 지점에 키 큰 나무를 심는 것이다.

따라서, 그린 옆에 있는 키 큰 나무는 옆 홀로 볼이 날아가는 것을 방지하는, 즉 OB를 방지하는 시설이므로 '목생'이다.

도로에 맞으면 장타, 나무에 맞으면 단타

반면에 도로는 골프코스에 영향이 덜 가도록 각 홀의 가장자리를 따라 설치되기 때문에 볼이 옆으로 휘는 훅이나 슬라이스가 나서 볼이 도로에 맞고 튕기면 그 볼은 홀의 밖으로 나가 버리므로 '도사'이다.

이 말은 엄지의 법칙이기도 하고, 유머로 소개되기도 한다.

이와 비슷한 재미있는 골프 유머 사자성어로는 '목단도장(木短道長)'도 있다. 나무에 맞으면 단타, 도로에 맞으면 장타가 난다는 얘기다. 또한 하늘은 높고 말은 살찐다는 천고마비(天高馬肥)를 패러디하여 골프에서 천고마비는 어드레스를 할 때는 '천천히 고개를 숙이고 마음을 비워라'라고 하기도 한다. 한번 듣고 웃어 보자.

5. 12, 13의 법칙(Rule of 12,13)이란?

일반적으로 그린 주변에서 칩샷을 할 때 방향보다 거리 맞추기가 더 어렵다. 거리를 잘 맞추기 위하여 어떤 클럽을 선택하는 것이 좋을까?

일반적으로 많은 골프 교습가들이 거리별로 다양한 클럽을 선택하라고 레슨을 한다. 하지만 아마추어 골퍼들의 경우에는 거리에 따라 다양한 클럽을 사용하다 보면 성공보다는 실수를 많이 하게 된다. 왜 그럴까? 문제는 연습량이 부족하고, 클럽별로 캐리와 런이 발생하는 특성 차이에 대한 이해가 부족하기 때문이다.

그린 주변에서 칩샷으로 거리와 방향을 맞추기 위하여 어떤 클럽이 좋은지, 각 클럽의 캐리(볼이 떠가는 거리)와 런(볼이 굴러가는 거리) 비율이 어떻게 되는지를 쉽게 아는 방법들을 제시한 것이 '12의 법칙'과 '13의 법칙'이다.

두 법칙 사이에 큰 차이는 없다. 그린 주변에서 칩샷을 하기 위해 어떤 클럽을 선택할 것인지와 클럽별로 캐리와 런에 대한 차이를 쉽게 이해하도록 만든 일종의 경험 법칙이다. 이 방법 중 자신에게 맞는 방법을 찾아 꾸준히 연습하면, 그린 주변에서 홀 공략 성공률을 크게 높일 수 있으리라 기대된다.

1) 12의 법칙(Rule of 12): 클럽선택 = 12 - 런 거리/캐리 거리

12의 법칙(Rule of 12)이란 그린 주변에서 골퍼가 직접 걸음 수로 캐리로 보내고 싶은 거리와 런으로 보내고자 하는 거리를 측정한 뒤, 12라는 숫자에서 런 거리 걸음 수를 캐리 거리 걸음 수로 나눈 값을 빼라는 것이다. 이렇게 나온 숫자가 골퍼가 선택하는 클럽의 번호이다.

12-15/5=9(#9 아이언)

12-15/7=10(#10 아이언)

위 사진에서처럼 그린 주변 페어웨이에서 그린까지가 5걸음(캐리 거리)이고, 그 지점에서 홀컵까지 거리가 15걸음(런 거리), 총홀컵까지 거리는 20걸음이라면, 12-(15/5) = 9. 즉, 9번 아이언을 잡고 5걸음 위치에 공을 떨어뜨리면 나머지 15걸음 거리는 자연스럽게 공이 굴러서 홀컵에 도달하게 된다는 것이다.

〈12 법칙〉

클럽 번호	7번	8번	9번	PW	SW
캐리(Carry)	1	1	1	1	1
런(Run)	5	4	3	2	1
낙구 목표지점	1/6	1/5	1/4	1/3	1/2

2) 13의 법칙(Rule of 13) : 13에서 사용하는 클럽의 번호를 빼 주면 런의 거리

13의 법칙이란 숫자 13에서 사용하는 클럽의 번호를 빼주면 런 거리의 비율이 된다는 법칙을 말한다.

예를 들어 7번 아이언으로 칩샷을 할 때 런의 거리는 6(13-7=6), 이때 캐리-런의 비율은 1:6이 된다는 것이다. 마찬가지로 피칭웨지(PW)는 순서상 10번 클럽에 해당하

므로 런의 거리는 3(13-10=3)이 되어 캐리-런 비율이 1:3이 된다.
따라서 만약 피칭웨지로 그린 주변에서 칩샷을 할 경우, 핀까지 남은 거리를 대략 4등분한 다음 볼에서부터 1/4되는 지점에 볼이 떨어지도록 샷을 하면 그 다음에는 알아서 볼이 3/4은 굴러 핀에 붙게 된다는 법칙을 말한다. (아래 표 참조).

〈13 법칙〉

클럽 번호	7번	8번	9번	PW	AW	SW
캐리(Carry)	1	1	1	1	1	1
런(Run)	6	5	4	3	2	1
낙구 목표지점	1/7	1/6	1/5	1/4	1/3	1/2

앞서 설명과 같이 '12의 법칙'과 '13의 법칙'에는 런 거리 비율에 차이가 있다.
즉, 9번 아이언을 기준으로 보면 12의 법칙이 1:3이고, 13의 법칙은 1:4로 13의 법칙이 12의 법칙에 비해 런의 거리가 1이 많다.
사실 이러한 차이는 캐리와 런 거리에 영향을 미치는 요소들이 많고, 골퍼 개인마다 스윙의 특성이 달라서 나온 것이므로 어느 법칙이 더 신뢰성이 있다고 말하기 어렵다.
또한, ① 클럽 메이커마다 클럽의 로프트 각도가 서로 다르고,
② 런칭 앵글의 차이도 있고,
③ 백 스핀량이 다르고,
④ 그린의 높낮이와 그린 스피드의 차이가 있다.
이 밖에도 개인의 스윙 특성의 차이 등을 고려해보면, 위 법칙을 맹신하기보다는 12, 13의 법칙이 가지는 의미 즉, 각 클럽이 일정한 캐리와 런의 비율이 있다는 것을 잘 이해하고, 꾸준한 연습을 통해서 본인에게 맞는 본인의 법칙을 완성하는 것이 바람직하다고 생각된다. 그래도 잘 모르겠으면 12나 13의 법칙을 따라해 보는 것도 좋은 방법이 될 수 있다.

바디스윙이 골프스윙이다

CHAPTER 10
골프의 이해

골프의 제일 큰 덕목은 상대에 대한 배려(Consideration)이다. 상대에 대한 배려를 할려면 먼저 골프에 대한 이해가 바탕이 되어야 한다. 골프를 잘 치고, 못 치고의 문제가 아니라, 상대를 배려할 줄 아는 여유가 있어야 한다.
그래야 비즈니스도 된다.

CHAPTER 10 골프의 이해

골프를 알아야 비즈니스가 된다

골프는 처음 시작하는 사람에겐 몸의 움직임부터 무척 낯선 운동일 것이다. 처음에는 무료한 시간을 달래기 위한 놀이에서 출발해서, 하나의 스포츠로 발전하는 과정에서 우여곡절도 많았지만, 지금은 세계인들의 사랑을 가장 많이 받는 세계적인 스포츠의 하나로 성장했다. 오늘날 성인들이 모이면 가장 많이 이야기하는 토픽 중의 하나가 골프이며, 포춘 500대 기업 CEO의 90%가 골프를 하고, 전체 경영진의 80%는 "골프로 새로운 관계를 구축하는 힘이 있다"고 말했다. 우선 골프가 무엇인지, 골프 레슨의 트렌드 변화와 골프 발전의 발자취는 어떠했는지를 알아보자.

1. 골프란?

골프는 클럽(club)을 이용해 가능한 한 적은 스트로크로 볼을 쳐서 그린에 있는 홀(hole)에 넣는 일련의 클럽 앤드 볼 스포츠(club-and-ball sport)이다.
골프는 대부분의 다른 스포츠와는 달리 표준화된 경기장을 이용하지 않고, 다양하게 조성된 골프코스에서 자연과 지형에 잘 적응하면서 게임을 즐기는 스포츠이다. 전 세계 골프코스는 2021년 기준으로 3만 8,864곳이며, 골프를 하는 국가는 209개국, 골프 인구는 7,633만 명이나 된다.

2020년 미국의 경우, 코로나19 팬데믹으로 인한 셧다운과 불확실성에도 불구하고 골프 인구가 2019년에 비해 2%가 증가한 2,480만 명이었으며, 우리나라 경우에도 2019년보다 6.7% 증가한 515만 명으로 추산된다. 이처럼 골프가 코로나19 팬데믹 속에서도 안전하게 즐길 수 있는 스포츠로 자리매김하면서, 골프 산업도 세계적으로 새롭게 활성화되고 있다.

이러한 골프 산업의 발달과 동시에 골프 장비도 눈부시게 발전하고 있다. 그리고 최근에는 고속 카메라와 IT 산업의 발전에 힘입어 세계 최고 골퍼들의 스윙을 과학적으로 분석하게 되면서, 가설이 아닌 통계를 바탕으로 골프 스윙 메커니즘이 새롭게 정의되고 있으며, 이를 바탕으로 골프 레슨 분야에도 커다란 패러다임의 전환을 가져오게 되었다.

2. 골프 게임의 역사

1) 골프의 기원

지금 우리가 알고 있는 골프는 15세기 스코틀랜드에서 시작되었지만, 골프의 원형이 되는 고대 게임의 기원은 불분명하며 논란도 많다.

역사가들이 주장하는 골프의 기원은 실로 다양하다.

먼저, 기원전 1세기부터 구부러진 막대를 사용하여 박제된 가죽 공을 치던 로마의 파가니카(Paganica) 게임에서 유래되었다는 설이 있고, 두 번째는 8세기에서 14세기 사이에 행해진 중국의 추이완 게임(捶丸)에서 유래했다는 설이 있다. 추이(捶)는 치는 것을 의미하고 완(丸)은 작은 공이니, 작은 공을 치는 게임이란 의미이다. 현대 골프와 유사한 또 다른 초기 게임으로는 12세기 영국에서 골프공과 비슷한 나무 공으로 했다는 캄부카(Cambuca) 게임도 있다. 이러한 골프 기원설에도 의미는 있겠지만, 현대의 골프와 직접적인 관련이 있는 게임은 스코틀랜드에서 시작되었다는 것이 정설이다.

골프에 대한 최초의 기록으로 1457년 제임스 2세가 양궁 훈련 집중에 방해가 된다는 이유로 게임을 금지했다는 내용이 있다. 하지만 제임스 2세의 손자인 제임스 4세는 1502년에 자신이 골퍼가 되자 금지령을 해제했으며, 1503~1504년에는 골프 클럽이 최초로 사용된 기록이 있다.

2) 골프 역사의 주요 이정표

15세기부터 시작된 현대 골프는 세월을 지나오면서 수많은 역사적 이정표를 만들어왔다. 그 주요 이정표를 보면

- 1450년 최초로 6홀 골프 게임이 브룬스필드 링크스(Brunsfield Links)에서 시작되었다.
- 1744년에 최초로 성문화된 골프 룰이 등장했다. 이는 매치플레이에 관한 13가지 문구를 담고 있고, 1875년에는 여기에 7가지 룰이 추가되었다.
- 1764년 세인트앤드루스 젠틀맨 클럽의 회원들이 세인트앤드루스 올드 코스에 모여 논의한 끝에 코스를 22홀에서 18홀로 수정하는 변경안을 만장일치로 통과시키면서 표준 18홀 골프코스가 스코틀랜드에서 최초로 탄생했다.
- 현존하는 세계에서 가장 오래된 골프 토너먼트이자 최초의 메이저 골프 대회인 디 오픈 챔피언십(The Open Championship)이 1860년 10월 17일 스코틀랜드

에어서의 프레스트윅 골프클럽(Prestwick Golf Club)에서 처음 개최되었다.
디 오픈 챔피언십은 영국의 골프경기단체 R&A의 주최로 매년 7월 중순에 개최되며, 4대 메이저 대회 가운데 가장 역사와 권위가 있는 대회로 일반적으로 브리티시 오픈 또는 디 오픈이라고도 한다.

- 1888년 미국 최초의 골프클럽인 세인트 앤드루스 골프클럽(Saint Andrew's Golf Club)이 뉴욕 용커스에서 설립되었다.
- 1893년 11월 7일, 미국의 세인트 앤드루스 골프클럽(Saint Andrew's Golf Club)에서 개최하는 존 리드 챔피언십(John Reid Championship)을 앞두고 골프 룰이 공표되었다.
- 1894년 12월 22일 USGA(United States Association: 미국골프협회)가 설립되었다.
- 1916년 4월 10일 PGA(Professional Golfers Association: 미국프로골프협회)가 35명의 회원으로 결성되었다.
- 1916년 최초의 US 오픈 챔피언십이 2일 동안 개최되었다.
- 1916년 PGA 챔피언십이 뉴욕에 있는 시와노이 컨트리클럽(Siwanoy Country Club)에서 상금 2,580 달러를 걸고 개최되었다.
- 영국왕립골프협회(R&A)는 1921년에 공의 크기와 무게를 제한했다.

R&A는 미국골프협회와 함께 전 세계 골프 관리 기관 중 하나이다. USGA는 미국과 멕시코에서, R&A는 나머지 세계에서 골프를 관장한다.
R&A는 세인트앤드루스의 Royal and Ancient Golf club의 구어체 이름으로 2004년에 골프클럽에서 분리되었다. R&A는 USGA와 협력하여 4년에 한 번씩 Rules of Golf(골프 룰)를 만들고, 정기적으로 개정하고 있다.

- 1927년 영국과 미국 간의 첫 번째 라이더 컵 경기가 열렸다. 라이더 컵은 1979년부터 미국과 유럽 간 대항전으로 바뀌었다.
- 첫 번째 마스터스 토너먼트는 1934년에 열렸고 호턴 스미스(Horton Smith)가

첫 번째 챔피언이 되었다. 마스터스 토너먼트는 미국골프협회가 주관하는 남자 4대 메이저 골프대회 중 하나이다. 미국 조지아주 오거스타의 오거스타 내셔널 골프클럽에서 개최된다.
- 디 오픈은 제2차 세계대전 기간에 중단되었다.
- 밀드레드 베이브 자하리아스(Mildred "Babe" Zaharias)는 1947년 스코틀랜드 굴란에서 열린 브리티시 위민스 오픈(British Women's Open)에서 우승한 최초의 미국인이 되었다.
- 1947년 US 오픈이 개최지인 세인트루이스 지역에서 처음으로 방송 중계되었으며, 골프 잡지인 골프 월드(Golf World)가 발행되었다.
- 1950년 LPGA(Ladies Professional Golfers Association)가 설립되었다.
- 1951년 프랜시스 위멧(Francis Ouimet)이 미국인 최초의 R&A 캡틴이 되었으며, USGA와 R&A는 회의에서 새로 개정된 골프 규칙을 완성했다.
- 1958년 PGA 챔피언십 대회가 TV와 라디오를 통해서 미국에서 방송되었다.
- 1961년 게리 플레이어가 PGA 헌법에 명시된 백인 전용 조항에 따라 치러진 마스터스 토너먼트에서 우승한 최초의 외국인 선수가 되었다.
- 1973년에 카본 샤프트가 발명되었다.
- 리 엘더(Lee Elder)는 1975년 마스터스에 출전한 최초의 흑인 골퍼가 되었다.
- 1988년에 닉 팔도(Nick Faldo)가 마스터스 토너먼트 개최지인 오거스타 내셔널의 두 번째 홀에서 100피트 버디 퍼팅을 했으며 이는 메이저 대회 역사상 가장 긴 퍼팅 기록이다.
- 1994년 R&A는 38년 만에 직경 1.68인치의 볼을 1910년 이후 처음으로 채택했다. 이로써 골프 규칙은 전 세계적으로 표준화되었다.
- 1991년 초대형 메탈 우드가 도입되었다.

3. 골프 레슨 트렌드의 변화

과거, 필자가 골프를 배우던 시절에는 골프 레슨의 목적이 "프로처럼 또는 코치처럼 샷을 할 수 있느냐?"였던 반면, 오늘날의 골프 레슨은 티칭이 아닌 코칭으로 변화하고 있다.

그리고 스윙을 분석할 수 있는 고속 카메라와 센서는 물론 IT 장비들의 발달로 우수 선수들의 모션을 분석해 스윙 메커니즘을 확립하고, 이를 바탕으로 골프 레슨의 새로운 표준(Standards)이 정립되었다.

이러한 데이터를 바탕으로 레슨 프로그램을 만들어 선수와 함께 훈련하고, 선수의 발전상을 측정해 나가는 형태로 골프 레슨에 새로운 변화가 일어나고 있다.

❖ 과거의 골프 레슨과 새로운 골프 레슨의 차이

1) 골프 스윙

과거의 골프 레슨	새로운 골프 레슨
• 선수 개인의 차이를 고려하지 않음 • 개인적인 느낌이나, 지식을 바탕으로 자신의 이론을 주입 • 우수 선수나 코치의 스윙을 따라 하는 모델 중심적 레슨	• 선수별 개인차를 존중 • 골프 스윙의 메커니즘(Mechanism)을 바탕으로 스윙 단계별 골프 스윙의 핵심 기술을 레슨함

필자의 과거의 골프 레슨을 되돌아보면, 그 당시에는 지금처럼 우수 선수들의 스윙이나 샷 결과를 통계적으로 분석하는 것이 불가능했기 때문에, 올바른 골프스윙 메커니즘을 통한 명확한 골프 레슨의 표준이 정립되지 않았다. 이렇다 보니 우수 선수나 재능이 있는 코치들의 스윙 이론에 의존하거나, 그들을 모방하게 하는 레슨에 치중할 수밖에 없었다.

결국, 프로처럼, 코치처럼 샷을 할 수 있느냐가 하나의 레슨 목표였다.
새로운 골프 레슨(New Golf Lesson) 트렌드는 우수 장비의 출현과 과학적인 스윙 접근법에 힘입어 바디스윙과 골프스윙의 상관관계에 대한 이론적 표준을 정립하고, 스윙의 단계별 핵심 기술을 구분한 레슨 프로그램을 만들어 체계적인 레슨으로 발전하고 있다.

2) 정신력 강화(Mental Toughness)

과거의 골프 레슨	새로운 골프 레슨
• 자기 표정을 감추는 집중력 강화 훈련 • 담력 강화 훈련	• 근본적인 원인 치유를 위한 노력 및 핵심 골프 기술 강화 • 골프 스코어를 줄이기 위해서는 정신력보다 기술력이 더 중요

과거의 정신력 강화를 위한 골프 레슨은 단순히 필드에서의 자기 관리 중심으로 이루어진 것이 사실이다.
좌절되거나 화가 날 때는 좀 더 많이 웃거나 웃는 표정 짓기, 샷 전에 심호흡하기, 왜글(Waggle), 긍정적인 생각하기, 타깃에 집중하기 등 근본적인 원인을 치유하기보다는 임시방편적인 정신력 강화에 치중한 레슨이 대부분을 차지했다.
반면에 현대에는 정신력과 골프의 핵심 기술이 어떤 상관관계가 있는지를 중시한다. 즉, 정신력에만 원인을 돌리지 않고, 골프의 핵심 원리에 대한 이해 부족과 선수 개개인의 기술 부족이 골프 스코어에 더 큰 영향을 준다고 보는 것이다.
또 심리적으로 정신력을 약화시키는 근본적인 원인을 파악해 부족한 부분을 강화하는 쪽으로 레슨이 이루어지고 있다.

그래서 기술이 골프 스코어와 비례한다는 아래 공식이 만들어졌다.

골프 스코어 = 기술(Skill) - 방해(Interference) ± 운(Luck)

즉, 기술이 동일할때는 정신력이 중요하지만 결국, 골프 기술이 정신력을 지배한다는 것이다.

3) 골프 연습(Practice)

과거의 골프 레슨	새로운 골프 레슨
• 지루하고 재미없는 쇼트 게임(Short Game) 레슨을 줄임 • 드라이버나 아이언 샷 중심으로 문제점 보완을 중시하는 레슨 • 슬라이스, 훅, 오버 더 톱 등 선수에게 나타나는 에러 치유 중심의 레슨	• 종합적으로 모든 샷 기술을 체계적인 연습 프로그램으로 만들어 코치 지도로 연습 • 측정과 도전적 목표 부여로 흥미 유발과 동기 부여 • 쇼트 게임(Short Game) 레슨 강화

과거의 골프 연습 프로그램은 선수 개인 맞춤형 레슨이었다고 할 수 있다. 그 선수에게 슬라이스나 훅이 발생하면 이를 방지하기 위한 현상별 대응 레슨이었고, 쇼트 게임보다는 파워 스윙을 중심으로 이루어졌다.

쇼트 게임 레슨은 지루하고 재미가 없었을 뿐만 아니라, 시간이 나면 하는 레슨으로 간주되어 소홀히 다루어졌다.

반면에 오늘날의 레슨은 모든 선수에게 적용되는 공통적인 부분을 바탕으로 선수 개인별 장단점에 맞춘 체계적인 연습 프로그램을 수립해 단체 훈련 시간과 개인 훈련 시간을 편성하고 있으며, 과정마다 코치들이 입회하여 반드시 피드백을 해 주는 방향으로 변하고 있다.

또한 쇼트 게임은 스코어를 줄이고 앞 스윙의 실수를 커버할 수 있는 핵심 기술이란

점에서 그 중요성이 레슨에서 더욱 강조되고 있다. 이에 따라 골퍼들이 연습의 재미를 느끼고 동기부여가 되도록 하는 스코어링 시스템이 적용되고 있다. 그리고 레슨 과정에서 쇼트 게임의 비중이 점차 높아짐에 따라 국내외적으로 쇼트 게임만 전문으로 하는 레슨 스쿨이 활성화되고 있다.

4) 신체 단련 운동(Fitness)

과거의 골프 레슨	새로운 골프 레슨
• 피트니스는 레슨의 고려 요소가 아니었고, 개인별 선택적 훈련 요소로 간주했다.	• 신체 발달의 상태는 레슨 시작 전에 체크해야 할 주요 요소 중의 하나이자, 레슨 과정의 필수요소 중 하나로 포함되고 있다.

과거 골프 레슨에서는 신체의 안정성이나 가동성, 또는 피트니스 레벨에 대해 큰 관심을 두지 않았던 것이 사실이다. 단지 우수한 프로 선수의 샷 모션을 모방하거나 코치의 동작을 따라 하게 하여 그 동작이 원활하게 되지 않으면 이를 개선하기 위한 피트니스를 하고, 파워를 늘리기 위해 특정 부위의 근력을 키우는 식으로 레슨을 해 왔으며, 그래도 잘되지 않으면 선수의 재능 문제로 인식하는 경우도 종종 있었다. 그러나 현대의 골프 레슨에서는 우선 골퍼의 신체적 특성을 확인할 수 있는 육체적인 검사를 실시하며, 그 결과를 바탕으로 골퍼의 신체적 특성을 고려한 피트니스를 포함한 레슨 프로그램을 만들어 레슨을 한다.

타이틀리스트(Titleist)의 TPI 교육에서는 육체적인 검사를 실시해 13가지 동작에 대한 신체적 안정성이나 가동성의 결함 여부로 피트니스 레벨을 확인하고, 현재의 신체 상태에서 예상되는 평균적인 골프 스코어를 추산하는 등, 개인의 육체적 특성을 쉽게 파악할 수 있는 프로그램을 만들어서 교육하고 있다.

5) 골프 장비(Golf Equipment)

과거의 골프 레슨	새로운 골프 레슨
• 기성 제품(Ready-Made) 사용	• 주문 생산된 제품 사용

과거에는 골프 장비가 고가의 사치품이었으며, 기술의 한계로 인해 차별화된 제품을 사용하기보다는 기성 제품을 사용하는 경우가 일반적이었지만, 오늘날에는 클럽피팅(Club Fitting) 기술의 발달로 골퍼의 체형과 샷 특성, 기술 등을 고려해 골퍼 개개인에게 적합한 주문 생산 장비를 사용하거나, 기존 사용 장비를 피팅해 자기만의 특화된 장비로 만들어 사용한다. 하지만 비기너의 경우는 자신의 스윙이 만들어지지 않았기 때문에 우선 기성제품을 사용하는 것이 바람직하고, 스윙의 일관성이 생기는 상급자가 되었을 경우 필요 시 클럽피팅을 받는 것이 좋다.

6) 레슨 형태

과거의 골프 레슨	새로운 골프 레슨
• 개인별 레슨	• 프로그램 레슨, 그룹 레슨, 쇼트 게임(Short Game) 레슨

과거의 레슨은 골퍼가 생각하는 문제점과 목표에 대해 질문함으로써 골퍼가 원하는 방향으로 문제점을 치유하는 임시방편적인 레슨이 위주였다. 현재는 체계적으로 고안한 프로그램을 통해 골퍼의 종합적, 개인적 특성에 적합한 레슨을 그룹 혹은 개인으로 나눠 실시하고 있으며, 특히 레슨 과정에서 재미와 만족도란 요소를 가미해 효과를 높이는 방향으로 발전하고 있다.

4. 골프코스

최초의 골프코스는 바람과 바다에 노출된 모래 언덕과 사구 슬랙스(모래 언덕 사이에 고인 물이나 습지가 있는 사구) 지형에 조성되기 시작해 오늘날의 아름다운 골프코스로 발전했다. 골프코스란 무엇이며, PGA에서는 어떤 기준으로 골프코스를 승인해 주는 걸까? 그리고 골프코스에서 일반적으로 구분되는 영역으로는 무엇이 있으며, 골프코스와 관련된 용어는 어떻게 생겨났을까?

세인트앤드루스 올드 코스(스코틀랜드)

페블비치 골프코스(미국)

골프장 시설 기준

PGA가 인정하는 골프장 시설 기준은 까다롭지 않고, 비교적 단순하다.

골프장 시설은 최소 9홀 이상으로 구성되어야 하고, 각 홀의 최소 연장은 60야드이어야 하며, 9홀의 경우 총연장은 1,000야드 이상, 그리고 18홀일 경우는 총 1,500야드 이상이어야 한다.

골프장 시설의 총면적은 14에이커(5만 6,656m², 1만 7,139평) 이상이면 된다.

골프코스의 구성

골프코스는 각각 티, 페어웨이, 퍼팅그린을 포함한 일련의 9개 또는 18개 홀과 하나 이상의 자연 해저드나 인공 해저드가 배치된 골프를 위한 토지 영역으로 정의된다. 골프 룰에 따르면, 골프코스는 위 그림처럼 코스에 5곳의 정의된 영역이 있으며, 플레이에 방해가 되는 여러 가지 유형의 물체와 상태가 있다.

- 티잉 구역(The teeing area)이란 플레이어가 플레이하는 홀을 시작할 때부터 시작해야 하는 구역이며, 그 크기는 두개의 티마커를 연결하는 선의 뒤편에 놓인 클럽 길이의 직사각형의 구역을 말한다. 티박스(Tee Box)라고도 부르며, 여기서 골프를 치는 행위를 티샷이라 한다.

- 벙커(Bunkers)는 보통 모래로 채워진 그린이나 페어웨이 근처의 움푹 들어간 곳을 말한다. 벙커의 종류는 파4나 파5 홀에서 볼이 밖으로 나가지 못하게 설치되는 페어웨이 벙커, 그린 주변에 설치되는 그린사이드 벙커, 그리고 천연 모래 지역인 웨이스트 벙커로 분류된다.
- 페널티 구역(Penalty areas)은 볼이 자주 분실되거나, 플레이할 수 없는 구역 또는 위원회가 정하는 기타 지역을 말한다. 빨간색 또는 노란색으로 표시되며, 볼이 페널티 안에 있을 때는 그대로 플레이하거나 페널티 구역 밖에서 1벌타로 구제받을 수 있다.
- 퍼팅 그린(The Putting green)은 페어웨이의 끝부분이 짧은 잔디로 덮여 있고, 홀이 있는 특별히 퍼팅을 위해 준비된 구역이다.
- 일반 구역(The general areas)이란 티잉 구역, 벙커, 페널티 구역 및 퍼팅 그린을 제외한 골프코스의 전 구역을 말한다.

* 표준 티에서 홀까지 일반적인 거리

남성

파3: 250야드(230m) 이하

파4: 251~450야드(230~411m)

파5: 451~690야드(412~631m)

여성

파3: 210야드(190m) 이하

파4: 211~400야드(193~366m)

파5: 401~575야드(367~526m)

표준 티보다 거리가 먼 프로들의 챔피언십이나 토너먼트 플레이의 경우, 남성은 파3홀이 최대 290야드(270m), 파4 홀은 최대 520야드(480m)까지인 경우도 있다.

대부분의 골프코스에는 파3, 파4, 파5 홀만 있지만 일부 코스에는 파6 홀이, 일본의 경우는 파7 홀도 있다.

많은 홀이 티잉 구역에서 그린까지 직접 보이도록 설계되지만, 일부 홀은 왼쪽이나 오른쪽으로 구부러질 수 있는데, 이것은 일반적으로 개의 뒷다리가 휘어져 있는 것 같다 하여 '도그레그(dogleg)'라고 한다.

홀이 왼쪽으로 기울어지면 '도그레그 레프트'라고 하고 오른쪽으로 구부러지면 '도그레그 라이트'라고 한다.

때때로 코스가 홀을 향해 두 번 구부러질 수 있는데, 이것을 '이중 도그레그'라고 한다.

일반 골프코스는 18홀로 구성되어 있지만, 9홀 코스의 경우는 일반적으로 18홀 정규 라운드를 위해 두 번 플레이할 수도 있다.

초기 스코틀랜드 골프코스는 주로 해변의 모래 언덕인 링크스 랜드(Linksland)에 배치되었는데, 이 '링크스(Links)'라는 단어는 고대 영어 단어인 hlinc(상승하는 땅, 능선)에서 파생되었다고 한다.

그래서 '골프 링크스'라는 용어가 생겨났는데, 이는 해변 코스와 내륙의 자연적인 모래 토양에 건설된 코스를 말한다.

5. 골프 장비

> 골프 장비에는 어떤 것이 있는지, 장비의 특성을 설명하는 용어의 의미는 무엇인지, 어떻게 하면 골프 룰을 지키면서 장비들을 효율적으로 이용할 수 있는지에 대해서 알아보자.

골프라는 스포츠를 즐기기 위해 기본적으로 갖추어야 할 필수 장비로는 골프 클럽,

볼, 티, 볼 마커, 장갑, 신발, 모자, 의류, 골프 백 등이 있다. 그 외에도 경우에 따라서는 거리 측정 장치, 의료용품, 펜, 클럽 조정기 등이 필요하다.

골프 장비 사용에 관한 골프 룰에 따르면, 골프는 플레이어의 판단과 기량과 능력에 따라 성공 여부가 결정되는 도전적인 스포츠라는 원칙에 근거하여, 자신의 플레이에 인위적인 도움을 주는 기타 장비 사용에 제한을 받는다.

골프 클럽이나 볼은 규칙에서 정한 규정에 따라야 한다.

하지만 기타 장비의 경우, 사용법에 관해서는 규칙을 적용받지만, 플레이어가 라운드 동안 가지고 있을 수 있는 장비를 제한하는 것은 아니다.

1) 골프 클럽

클럽은 볼을 치는 데 사용하도록 설계된 도구이다. 과거에는 일반적으로 형태와 용도에 따라 우드, 아이언, 퍼터 등 세 가지 형태로 구분했지만, 오늘날에는 클럽의 종류가 많아져 우드(드라이버 포함), 아이언, 하이브리드, 웨지, 퍼터 등 5가지 종류로 늘어났다. 라운드 시에 사용할 수 있는 클럽의 개수는 14개로 제한되고 손상되거나 분실된 클럽은 원칙적으로 라운드 중에 교체해서는 안 된다.

골프 클럽에 관한 규칙과 규격은 클럽(일반), 샤프트, 그립, 클럽 헤드, 클럽 페이스 등 5개의 범주에 따라 각 요구 사항이 개별적으로 규정되어 있다.

각 클럽의 전체 길이는 18인치(45.72㎝) 이상이어야 하며, 퍼터를 제외하고 48인치(121.92㎝)를 초과해서는 안 된다.

Golf Club List

드라이버 | 페어웨이 우드 | 하이브리드 | 아이언 | 52° 웨지 | 56° 웨지 | 60° 웨지 | 퍼터

① 드라이버(Driver)

드라이버는 가장 큰 헤드와 가장 긴 샤프트를 가진 클럽으로 일반적으로 속이 비어 있다. 드라이버를 사용하면 골퍼가 가장 빠르게 스윙할 수 있으며 티잉 그라운드에서 치는 스트로크를 포함하여 가장 긴 샷에 사용된다.

하지만 클럽헤드의 부피는 460cm^3에 10cm^3의 허용 오차를 더한 값을 초과해서는 안 된다.

오늘날 공인 드라이버의 반발계수가 0.830이다. 이 반발계수는 2002년에 정해져 2003년부터 투어에 적용되었다.

Best drivers of 2021

드라이버 각 부위의 명칭은 아래 그림과 같다.

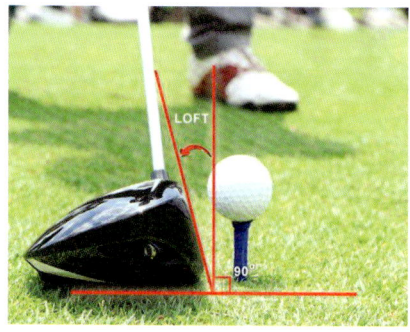

② 아이언(Irons)

아이언은 일반적으로 3번에서 9번 아이언 또는 피칭 웨지에 이르기까지 클럽 페이스별로 로프트가 다르고, 샤프트의 길이도 서로 다르며, 클럽별로 번호가 매겨진 세트로 구성되어 있다.

일반적으로 번호가 높아지면서(3→9→피칭웨지) 로프트 각도가 커지는 반면, 샤프트의 길이는 상대적으로 짧아진다.

아이언의 클럽 페이스는 홈(그루브)이 패여 있어 볼의 미끄러짐을 막고 스핀을 만드는 데 도움이 된다.

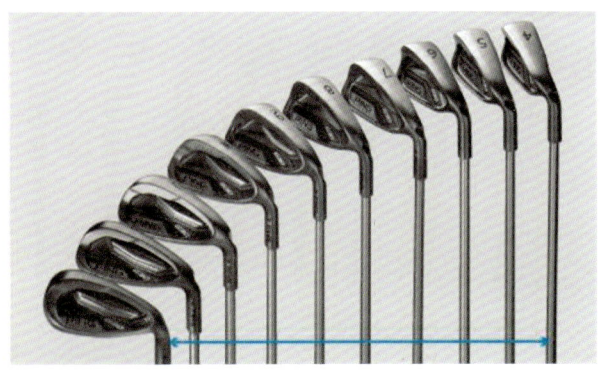

아이언 클럽 각 부위의 명칭은 아래 그림과 같다.

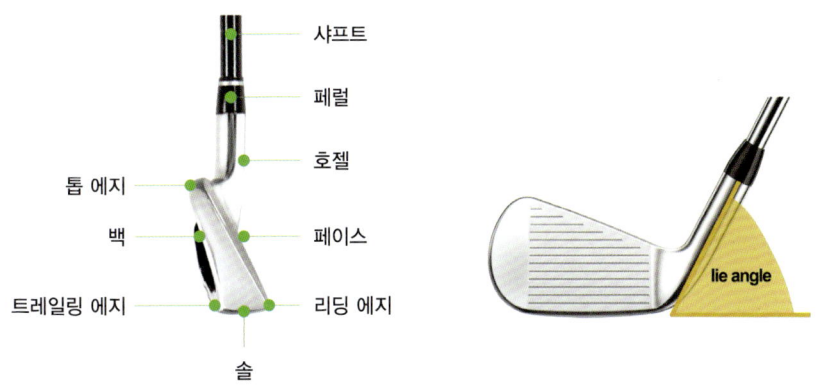

③ 하이브리드 클럽(Hybrid Club)

하이브리드란 특정한 목적을 달성하기 위해 두 가지 이상의 기능이나 요소를 결합하는 것을 말하는데, 하이브리드 클럽헤드는 우드와 아이언의 혼합형으로 21세기에 접어들면서 대중화된 클럽이다.

하이브리드 클럽은 때로는 유틸리티 클럽이라 불리기도 한다. 하이브리드는 아이언처럼 번호가 매겨져 있다(예: 2-하이브리드, 3-하이브리드 등).

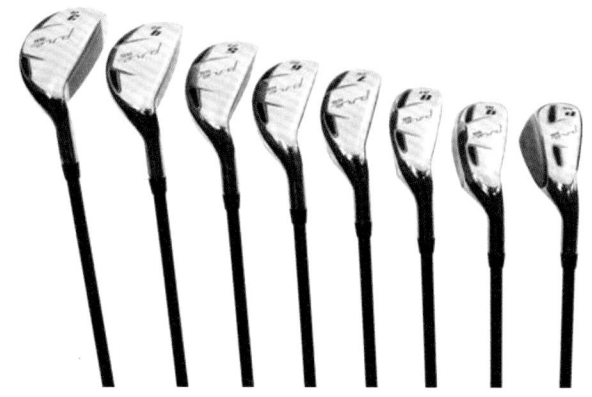

Hybrid Iron Set

일부 골퍼들 사이에서는 롱아이언보다 더 쉽게 칠 수 있다는 이유로 아이언 클럽을 대체할 수 있어 인기가 높아지고 있으며, 최근에는 하이브리드 아이언 세트까지 출시되고 있다.

④ 웨지(Wedges)

웨지는 가장 높은 로프트의 골프 클럽으로 그린 주변에서 짧은 어프로치 샷, 그린 주변의 칩샷 및 피치 샷, 샌드 벙커 플레이에 사용된다.

일반적으로 웨지는 로프트 각도에 따라 피칭웨지(PW), 갭웨지(GW), 샌드웨지(SW) 및 로브웨지를 포함하는데, 웨지는 자체 유형의 골프 클럽이지만 아이언과 같은 클럽헤드를 가지고 있으므로 아이언의 하위 세트로 간주 되기도 한다.

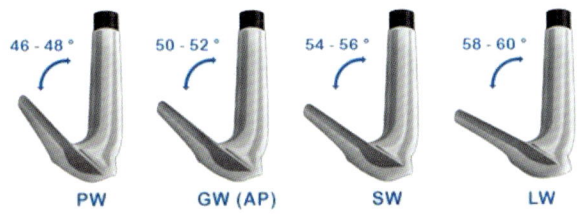

다양한 로프트 앵글의 웨지

⑤ 퍼터(Putter)

퍼터는 그린 또는 그린 주변에서 퍼팅에 사용하는 클럽으로, 가장 전문화된 골프 클럽이며, 가장 다양한 모양과 크기로 제작되어 시장에서는 다른 어떤 클럽보다 다양성을 가진 클럽이다.

퍼터의 로프트 각도는 일반적으로 3~4°이며, 10°를 초과할 수 없다.

퍼터 선택은 매우 개인적인 과정이기 때문에 '올바른' 퍼터를 찾기보다 자신에게 맞는 퍼터를 갖는 것이 중요하다.

퍼터는 일반적으로 세 가지 스타일의 클럽헤드와 세 종류의 길이로 분류된다.

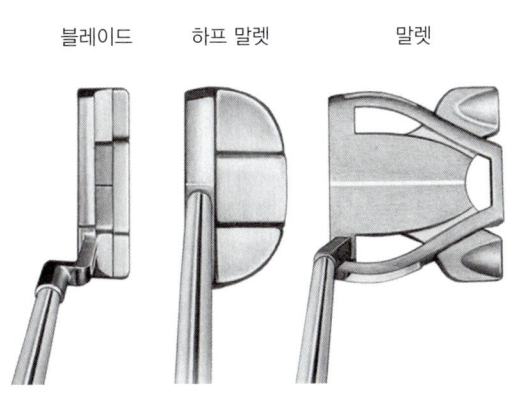

헤드 디자인에 의한 분류

퍼터의 클럽헤드 디자인은 블레이드, 하프 말렛, 말렛으로 구분된다.

블레이드 타입은 전통적인 퍼터 클럽헤드 디자인으로 폭이 좁고 얇으며 일반적으로 샤프트가 힐 쪽에 부착되어 있는데, 요즘은 중앙에 샤프트가 부착된 블레이드 타입의 퍼터도 사용되고 있다.

블레이드 타입은 일반적으로 아크 스트로크를 선호하는 골퍼에게 적합하다.

말렛 퍼터는 망치 모양으로 헤드가 크고 매우 다양한 형태를 가지기도 한다.

무게 중심이 헤드의 뒤쪽에 있어 상향 스트로크를 쉽게 할 수 있고 무거운 퍼터로 같은 힘을 사용하면서 더 가벼운 퍼터에 비해 더 긴 롤을 만들 수 있다. 말렛 타입은 일반적으로 스트레이트 스트로크를 선호하는 골퍼에게 적합하다.

퍼터 각 부위의 명칭과 스트로크 타입은 아래 그림과 같다.

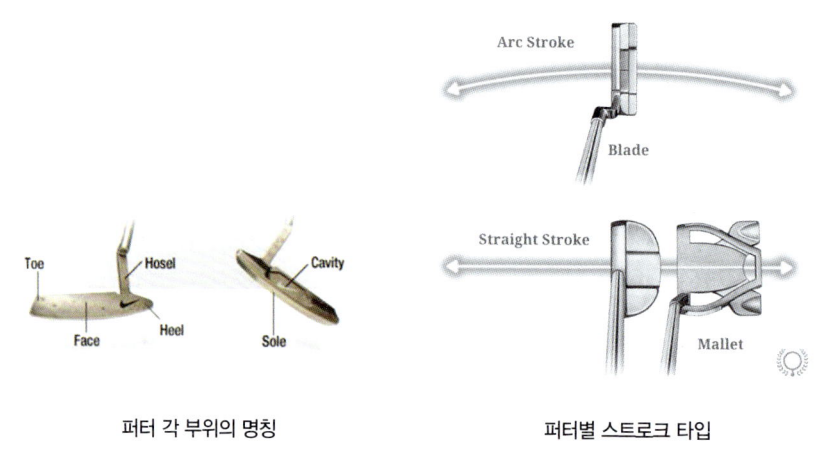

퍼터 각 부위의 명칭 퍼터별 스트로크 타입

2) 볼

골프 규칙에 따르면 볼의 질량은 45.9g(1.620oz) 이하이고, 지름은 42.7mm(1.680인치) 이상이어야 한다.

다양한 골프 볼

일반적으로 볼 자체는 구형이어야 하고 표면 딤플의 배열이 대칭이어야 하지만 볼에 허용되는 딤플의 수에는 제한이 없다.
볼의 초기 속도 및 전체 거리는 R&A와 USGA 표준에 명시된 조건에 따라 지정된 제한 수치를 초과해서는 안 된다.

골프 볼의 단계적 발전 모습

각사의 브랜드별로 적합한 볼에 대한 정보는 R&A와 USGA 홈페이지에 매달 첫째 주 수요일에 업데이트되므로 누구든지 홈페이지에 들어가서 확인할 수 있다.
볼은 다음 사진처럼 다양하게 제작되며, 층과 커버에 따라 분류된다.

① 층(Layer)에 의한 구분
층에 관해서는 투피스와 다층으로 분류된다.

투피스 골프볼

투피스 볼은 큰 코어 위에 얇은 덮개가 있는 두 개 층으로 구성되어 있는데, 이 구조의 볼은 클럽이 볼에 전달하는 에너지의 양이 많아지는 비거리 중심의 골프 볼이다. 일반적으로는 초보자, 핸디캡이 높은 골퍼 및 스윙 속도가 느린 골퍼에게 좋은 볼이다.

다층 골프볼은 3~5개의 레이어가 있다. 이렇게 레이어가 다양하면, 스윙 속도에 따라 각 레이어에 전달되는 에너지량이 다양하기 때문에 다양한 구질의 볼을 만들 수 있다. 그래서 다양한 스윙 속도로 볼을 타격할 수 있는 싱글골퍼에게 적합한 이러한 볼을 점차 다양하게 제작한다.

다층 골프볼

가장 빠른 스윙은 코어까지 모든 레이어를 활성화하여 필요한 거리를 만들고, 스윙이 빠르지 않은 짧은 샷은 외부 레이어만 활성화하여 스핀을 생성해 볼을 그린에서 빨리 멈출 수 있으므로 손맛이 좋고 컨트롤이 가능하다. 이러한 이유로 핸디캡이 중간이거나 낮은 골퍼, 스윙 속도가 빠른 골퍼가 사용한다.

② 커버 유형에 의한 분류

골프볼의 커버는 설린 또는 우레탄이란 두 가지 유형 중 하나로 제작된다.
설린(Surlyn)은 듀폰에서 개발한 이오노머 수지로 골프볼의 가장 일반적인 커버 소재이다. 내구성이 좋고 긁힘에 매우 강하여 1960년대부터 골프볼의 덮개로 사용됐으며, 비거리 최대화를 위해 효율적으로 에너지를 전달하기 때문에 거의 모든 비투어 레벨의 볼에서 많이 사용된다.
반면, 우레탄은 설린보다 부드럽다. 내구성이 그다지 좋지는 않지만 쇼트 게임에서 더 많은 스핀과 컨트롤을 생성하기 때문에 주로 고급 다층 골프볼에 사용되며, 일반적으로 숙련된 골퍼가 선호한다.

3) 티(Tee)

티(Tee)는 볼을 지면에서 들어 올리기 위해 고안된 장치로 4인치(101.6㎜) 이하여야 한다.
골프 초창기에는 볼을 모래나 흙더미 위에 놓고 티샷을 했다.

골프 티의 단계적 발전 모습

많은 골퍼에게 이 절차는 너무 번거로워 일찍이 모래나 흙으로 만든 '티'를 대체할 '휴대용'을 찾기 시작했다. 초기의 골프 티는 고무나 철제를 이용한 대체품이었으며, 1920년 뉴저지주 메이플우드의 치과의사 윌리엄 로웰이 '레디 티(Reddy Tee)'라는 표준 티를 나무로 간단하고 저렴하게 생산하기 시작하면서 오늘날 아주 다양한 종류의 골프 티가 만들어지고 있다.

<티 박스(Tee Box)란 용어의 유래>

일반적으로 골퍼들은 티 박스(Tee Box)를 각 홀의 시작 지점인 티잉 구역(2019년 규칙 개정 이전에는 티잉 그라운드)의 또 다른 명칭으로 혼용해서 사용해 왔다.

하지만 티 박스(Tee Box)는 본래 그런 의미가 아니다. 앞서 말했듯이 나무로 만들어진 티(Tee)가 나오기 전에는 일반적으로 젖은 모래로 만든 작은 마운드에 볼을 올려 두고 티샷을 했기 때문에 티잉 그라운드마다 배치된 상자 안에 마운드를 만들 수 있는 젖은 모래를 보관했었다. 이 모래가 들어 있는 상자가 바로 티 박스이다.

초기의 티 박스 사용 모습　　　젖은 모래를 이용한 티

4) 볼마커

볼마커는 "집어 올릴 볼의 지점을 표시하는 데 사용되는 티, 동전 같은 작은 인공물"로 정의된다.

골퍼는 다양한 스타일의 볼마커를 사용할 수 있다.

가장 일반적인 볼마커 중 하나는 동전이지만, 볼이 제자리에서 들어 올려지는 동안 지면에만 놓이면 되기 때문에 포커 스타일의 칩처럼 디자인이나 크기 및 스타일이 다른 기타 물체를 사용할 수도 있으며, 골퍼가 볼을 교체할 지점을 표시하기 위해 정지할 수만 있다면 퍼터 헤드를 사용하여 위치를 표시할 수도 있다.

그러나 자연적으로 발생하는 나뭇잎, 풀잎, 나뭇가지, 기타 유사한 물체를 볼마커로 사용할 수는 없다.

하지만 골프 규칙에 따르면 골퍼가 그린에서 볼마커로 사용할 수 있는 것에 대해 상당히 자유로우며, 플레이어에게 많은 선택권을 주기 때문에 골프 회사 로고나 좋아하는 골프코스 이름 같은 마케팅 문구나 형상을 표시할 수도 있다.

이러한 볼마커를 볼이 들어 올려지기 전에 골프 볼 바로 뒤나 옆에 배치하여 볼의 위치를 표시하면 된다.

다양한 볼마커들

5) 장갑

플레이어가 클럽을 잡을 때 도움이 되도록 장갑을 착용할 수 있다.

별도의 한 손가락집 속으로 손이 들어가는 외피로 되어 있거나 다섯 손가락이 각각 맞는 손가락집들 속으로 들어가는 꼭 맞는 외피로 되어 있어야 한다.

전체 손바닥과 손가락들이 쥐는 표면은 매끄러운 재질로 제작되어야 한다.

단, 패딩(Padding)은 추가 재료가 없는 장갑의 인접 영역보다 0.025인치(0.635㎜) 이상 두꺼우면 안 된다.

6) 신발

플레이어가 확고한 자세를 취하는 데 도움이 되는 신발을 신을 수 있고, 경기 조건에 따라 밑창의 스파이크와 같은 기능은 허용되지만, 다음과 같은 특색 있는 기능이 통합되어서는 안 된다.

① 플레이어가 스탠스를 취하거나 얼라이먼트를 하는 데 도움이 되는 디자인.

② 스트로크를 하거나 플레이에 도움이 되는 특징을 갖춘 디자인.

7) 의복

플레이어의 얼라이먼트 및 스트로크에 필요한 정도를 넘은 도움을 주는 디자인이 아니라면 압박복도 착용이 가능하다.

8) 운동 요법 테이프를 포함한 테이프 사용

의료상의 이유(예: 부상 방지나 기존의 부상을 보호할 목적)가 있는 경우, 플레이어는 붙이는 테이프나 그와 유사한 의료 용품을 사용할 수 있다.

다만 그러한 테이프나 그와 유사한 의료 용품이 과도하게 사용되어서는 안 되며, 필요한 정도를 넘어서 플레이어에게 도움을 주는 것이어서도 안 된다. 예를 들면, 그 의료 용품이 플레이어가 클럽으로 스윙하는 데 도움이 될 정도로 관절을 고정해 주어서는 안 된다.

9) 거리 측정 장치(규칙 4.3)

고도 변화를 측정하지 않는 거리 측정기나 나침반은 사용할 수 있다. 그 외 어떤 장비를 특정한 방법으로 사용할 수 있는지를 분명하게 알지 못할 경우, 플레이어는 위원회에 재정을 요청하여야 한다.

거리 측정 장치

장일환의
Body Swing is Golf Swing

초판 1쇄 발행 2022년 6월 30일

저자 장일환(골프인스트럭터 · 미국프로골프협회 회원 · 더 플레이어스 골프클럽 헤드프로)
기획 안성찬 골프대기자
모델 박설아, 박시아
촬영장소 제공 더 플레이어스 골프클럽
사진 김충무(스튜디오 맑음)
이미지 셔터스톡, 맑음북스 DB
디자인 김주용(픽스디자인)
표지디자인 안혜미(프리랜서 디자이너)
교열교정 김정완
인쇄 새김

펴낸곳 맑음북스
펴낸이 김성진
등록일 2018년 1월 9일
등록번호 제 2018-000001호
주소 서울시 송파구 오금로 512, 702호
이메일 koki20@naver.com

판권ⓒ 맑음북스 2022 | Printed in Korea
ISBN 979-11-962880-5-1

값 20,000원

- 이 책은 저작권법에 따라 보호 받는 저작물이므로 무단전재와 복제를 금합니다.
- 이 책은 저자의 합의 아래 모델 촬영이 진행되었습니다.
- 잘못된 책은 바꾸어 드립니다.